The Motivated School
激勵學習的學校

Alan McLean　著

賴麗珍　譯

The Motivated School

Alan McLean

English language edition published by Sage Publications of London, Thousand Oaks and New Delhi, © Alan McLean, 2003.

CONTENTS

（正文頁邊數字係原文書頁碼，供索引檢索之用）

⟨圖⟩⟨表⟩ 目次　　　　　　　　　　　　　CONTENTS

iii

作者简介

　　Alan McLean 是格拉斯哥市議會的首要心理醫師，該議會是蘇格蘭規模最大的教育主管機關。McLean 醫師曾經任教於一所中學，以及一所收容情緒及行為問題學生的特殊學校。他也是「增進小學生在校正面行為」（Promoting Positive Behaviour in the Primary School）、「增進中學生在校正面行為」（Promoting Positive Behaviour in the Secondary School），以及獲獎的「防霸凌學校」（Bullyproofing Our School）等教師發展方案之原創者。在過去十年之中，這些教師發展方案被蘇格蘭各地的學校普遍採用。McLean 醫師曾被借調兩年，轉往擔任學校心理師專業發展計畫（Professional Development Initiative for Psychological Services）之首位全國規劃長（National Coordinator），並且曾經參與政府的顧問團，提供霸凌、逃學、紀律、社會技能（social competence）等方面的諮詢。他曾經在《蘇格人報》（*The Scotsman*）擔任多年的專欄主筆，也常在《泰晤士報蘇格蘭教育新聞增刊》（*Times Educational Supplement Scotland*）上發表文章。目前，他被借調領導格拉斯哥的 POLO 方案——最佳學習機會資源庫（portfolio of optimal learning opportunities），此方案旨在減少學生的不專心學習，而過去四年以來，他也一直都在主持激勵學生學習的教師訓練課程。

譯者簡介

　　賴麗珍，美國威斯康辛大學麥迪遜校區教育博士，主修成人暨繼續教育，曾任職於台北市教育局、台灣師範大學圖書館（組員）及輔仁大學師資培育中心（副教授）。研究興趣為學習與教學、教師發展及創造力應用。譯有《教師評鑑方法》、《教學生做摘要》、《有效的班級經營》、《班級經營實用手冊》、《增進學生的學習動機》、《創意思考教學的 100 個點子》、《思考技能教學的 100 個點子》、《重理解的課程設計》、《重理解的課程設計——專業發展實用手冊》、《善用重理解的課程設計法》、《教師素質指標》（心理出版社出版）。

謝 詞

本書若無許多人的支持、建議，以及持續的鼓勵，不可能成書。筆者很感謝路芬那斯（Lumphinans）小學的主任教師（Headteacher）Heather Hamilton 和資深教師 Kate Whiteley，以及連賽德（Langside）小學的主任教師 Christine Wilson 等學校教育專業人士，他們都認為本書的主題與實際的學校教育脈絡相關。政府教育官員 Bob Cook，以及空中大學的講師 West Dunbarton 和 Derek Goldman 則對本書的初稿給予鼓勵性的回饋。「學校心理師專業發展計畫」的同事 Ellen Moran、Elaine Miller、Tricia Murray、Angela Jeffreys 以及 Kate Watson 等諸位則協助看過初稿並給予建議。學無止境（Learning Unlimited）公司的團隊成員，尤其是 Ian Smith，在發展本書的動機模式方面提供了很大的幫助。最後，我要感謝格拉斯哥大學「學習支援中心」（Centre for Support for Learning）的 Margaret Sutherland 和 Chris Smith，他們的建設性批評意見對於將本書初稿轉化成教科書，有重大幫助。

謹將本書獻給 Michael 和 Euan McLean

前　言

　　本書強調，最有效的學習動機來自內在。政府部門要求提高學校學生學業成就，正迫使教師採用以處罰作威脅或承諾給獎賞等外在方式來激勵學生。本書建議，更有效的替代方案是透過利用學生的積極心態，從內在激勵學生專注學習。最佳的動機模式是自我激勵（self-motivation）。然而，學生需要教師及其他師長協助他們達到此一自我激勵狀態。本書討論影響學生動機心向（motivation mindsets）的最佳學習情境之特徵，以探討學校影響學生自我激勵的方式。本書建立的動機模式提供了一扇窗，讓讀者可以觀察和反思班級教學情境如何形塑學生的動機，以及學校如何影響學生的動機。

　　激勵的學習情境可以分成四類直接影響學生心向的驅力（drivers），其中：專注（engagement）是指教師試著了解學習者和重視學習者；結構（structure）是指明確知道達成學習目標的路徑；刺激（stimulation）來自於能強調學習活動的用處、重要性，以及趣味性的課程；而回饋（feedback）則是指能讓學習者知道其進步情形的資訊。

　　這四類驅力沿著兩個面向（dimensions）運作，專注和回饋沿著人際關係面向（relationship dimension）運作；而權力面向（power dimension）的運作則是由結構和刺激結合而成。

　　人際關係和權力是兩個相互依賴的面向，兩者交會產生了四類學習情境。放任型（undemanding）班級，其典型特色是過度保護的氣氛和欠缺要求的課程；破壞型（destructive）班級之特徵是強迫學習和個別責罰；揭露型（exposing）班級以質疑和「證明自己實力」的氣氛為特色；而最佳學習情境——激勵型（motivating）班級，其主要特徵則包括了信任、

自主、自我改進的氣氛，教師鼓勵學習，以及教學目標明確。

上述各類驅力和各個面向就像連續體一樣地發揮作用，其構成則包含了四個能以汽車排檔（gears）表示的階段。

激勵學生的關鍵存在著兩項主要的兩難困境。首先的困境是，試圖無條件地接納學生，同時給予學生正確的回饋。最能激勵學生學習的教師，其達到兩難平衡的方式是，透過從認可學生到肯定學生的有條件接納過程，來推動師生關係的排檔，其中，對學生的肯定代表了教師了解學生、重視學生。

教師的第二項主要壓力為，如何在控制及保護學生和聽任學生發揮自我決定的潛能之間，達到平衡。這項壓力的解決，可以透過一開始就設定規則並且以非強制的手段樹立權威，然後以換檔傳動的方式「慢慢放鬆約束」，以增加學生參與協議、做選擇*，以及自我決定的機會。以這種方式，教師權力的獨斷，可以經由師生之間的權力分享轉化為對學生的增能（empowerment）。

上述模式有助於討論，當班級產生變化時，師生關係將如何演變。就每一個排檔而言，教師扮演著不同的角色，並且運用不同組合的驅力。關鍵的事件可能會使整個班級退回倒退檔，這些事件包括引不起學生興趣的低期望、輕率批評式的回饋、不可能達成的目標，以及壓迫式的規定。有效能的教師會很有彈性地使用每一個換檔，以適應改變中的環境。班級的驅力是重疊的，它們相互依賴，並且以加乘方式互動。有高度影響力的教師會有技巧地應用這四類驅力，而且當教學情境需要時，他們會讓四個排檔交換使用，以為班級選擇各類驅力的正確排檔。

　　教師從不使用空檔，因為空檔永遠不能發揮中立的效果。所有教師對學生的學習動機都有某些影響力，而教師自己的動機心向會透過班級教學的驅力「下載」給學生。

　　以下是四種動機心向：

　　1. 學生對於能力的看法；

　　2. 學生如何進行學習；

　　3. 學生如何理解他們自己的進步；以及

　　4. 學生覺得自己多有能力。

　　學校對學生自尊的影響不如我們所想的廣。然而，好消息是，低自尊對學習的障礙不如我們假設的大；更好的消息則是，學校及教師在形塑學生的自我動機心向方面，大有可為之處。自尊是學業成就的結果，更甚於自尊是學業成就的成因。最重要的「愉悅」心向就是，在達成學業目標時產生自我效能感（self-efficacy）──亦即「效佳」（SEGA；譯註：「self-efficacy in goal achievement」的頭字語）因素！自我效能是指，相信自己在特定技能領域的能力，它和自尊有所不同，自尊是個體對自我整體價值的情意判斷。對於接受雙軌制（twin-track）教育的學生，引導其建立自信心的方法牽涉到：首先，教導學生將自己的能力看成是可變的，然後引導他們對學業成就採取自我改進的態度；其次，幫助學生以建立自我效能信念的方式，來理解自己的學業進步情形。

　　重視建立學生信心的學校，會逐漸灌輸學生這樣的信念：能力不是固定的，成功有許多方法。這類學校會透過將學生的失敗連結到可修正的因素，而把犯錯視為建立效能感的重要步驟。激勵型教師會增進學生的自我

ix

期望和能力程度之間的正確搭配；他們會讚美學生的努力和學習策略運用，然後幫助學生聚焦學習的過程，以及使他們對自己的學習結果負責；他們會幫助學生察覺自己有哪些聰明才智，而不是只知道自己有多聰明；他們強調改進的可能性，這會鼓勵學生把進步歸因於努力，然後專心於學習，而不是著重於展現能力。更重要的是，他們重視個別的進步而非符合常模的進步。

PART 1
第一篇

動機驅力

The Motivation Drivers

導 論

本章針對學校如何從控制的文化轉移到強調自我激勵的文化，提出合理說明。

● ● ● ● ●

1 改變的必要

直到一九八〇年代，體罰在英國中小學的學生管理方面仍占有重要地位。雖然體罰已經被書面處罰制度所取代，但是矯正式處罰的主流觀念依然盛行。不過，有史以來，體罰的逐步廢止，使學校必須審視對促進學生良好行為及有效學習之情況。一九八九年的伊頓報告書（Elton Report）——政府對學校紀律的檢視報告，將辯論的方向往前推進到尋求賞罰之間的更大平衡（DES, 1989）。在一九九〇年代末期，大多數的學校計畫都包含了正面酬賞為本的學生管理方法。一九九七年的英格蘭暨威爾斯教育法（Education Act in England and Wales），將學校推往重視學生自律（self-discipline）的方向，但同時保留規範學生行為和促進學生適度尊重權威之學校傳統角色。自律的概念也受到蘇格蘭教育部（Education Executive）學校紀律工作小組（Discipline Task Group）的重視（SEED, 2001）。

教育實務的趨勢已經從被動的懲罰取向，推進到雖然是矯正的但卻偏重積極反應的取向。不過，控制模式仍然支配我們的想法和實務，教師盡了最大的努力，卻依然對學生或為學生做絕大多數的事情，而不是和學生一起做這些事情。學生會做支持或反對教師的事情，但卻

很少與教師一起做事情。不過，為了使學生學習自我導向的行為，學校應提供所需的最輕度措施和限制最少的結構。成功的教學之道在於做得恰好而不過度（Galvin, Miller and Nash, 1999）。

學校和社會之間賦予年輕學子的角色地位愈來愈不一致。本書建議，學校必須填補這個落差，並且從控制的文化逐步發展到更強調自我激勵的文化。學校必須採取樂觀的看法，將學生的學習和成長視為人類天性中需要培育的內在部分。

今日的年輕學子正在體驗個人自主性漸增的社會，這點可以從他們對音樂和時尚的態度，以及他們偏好觀賞肥皂劇和廣告更勝於兒童節目的現象，得到證明。他們對廣告商品的「成熟」消費，意味著現在的兒童不像前幾代的兒童只能得到父母給他們的東西，他們能得到自己想要的玩具。

現在，大多數父母要孩子更果斷、更自我依賴，以及更能為自己做決定。如果教師對他們的子女咆哮或過度濫權，家長會覺得很不高興。不同於學生的家庭環境，大多數教師所成長的家庭是由父母決定所有事情，而在其受教育的學校則是由教師主導一切的班級事務。

培養果斷的態度是反霸凌運動的目標，也是個人社會發展（Personal Social Development）課程的目標，這些活動和課程在鼓勵學生對陌生人、對強力慫恿吸毒的同儕說「不」。學校現在告訴孩子們，大人要他們做的不一定是對的事情，而且大人可能會犯錯。

教師正在面對的巨大挑戰是，青少年文化朝個人更加自主的情況轉換，而教師用來解決這些壓力的能力，將是決定當前學校教育效能的關鍵因素，因為「青少年缺乏經驗就進入成年期，就如同未經過旅程就達到目的地」（William McIlvanney）。

雖然師生之間的權力仍然不平衡，但是正在改變。傳播科技的進步挑戰了教師即資訊主要提供者的概念，學生不再是等待從教師獲得知識的被動受教者。網際網路則具有轉化教學的潛力，它能將教學情境轉化成由學習者控制，以及使學生成為知識的生產者和消費者。

② 變遷中的酬賞文化

社會正邁向賦予年輕學子更大的肯定和增能。現在，人們期待學校把年輕學子視為活躍的公民而不是等候取得公民資格的人（citizens-in-waiting）（Learning and Teaching Scotland, 2002）。社會均等的原則，正在逐步削弱如今需要呈現新形式的舊結構和舊關係。

在政府致力提高學生學業成就的背景脈絡下，當教師處於要求學生學業表現更好的強大壓力時，有些教師認為，學生在新的次級文化之下愈來愈難教，愈來愈難激勵其學習動機。他們可能會認為，學生的行為表現變差，意味著我們的方向錯誤，但是瓶中妖怪已經放出，無法回頭了！教師無法阻止這方面的進展，不過，如果教師往前邁進一步的話，他們也許可以控制改變的速度；而停留在過去的教師，將會在衝突與指責交加的泥淖中掙扎。當教師接受時光無法倒轉的事實時，他們才能繼續前進。

當然，學校未曾停滯不前，不僅如此，學校目前正在變遷。認為必須先使學生對自己感到不滿才能使其有良好表現的教育心態，已經不復存在，大多數教師現在已經了解讚美的需要和益處。

然而，從控制的文化推進到酬賞的文化，應該被視為是變遷的階段，引進酬賞文化的學校很快就了解到，他們必須一再更新教育策略，

因為持續尋求新的酬賞策略不會引領我們找到聖杯（Ryan and La Guardia, 1999；譯註：意指發現最佳的教育策略）。同時，讚美的文化是否會淪於放任的文化，仍有待評論（Damon, 1995）。

③ 邁向自主的文化

　　本書指出，學校必須從強調順從的文化推進到強調自我激勵的文化。我們必須鼓勵年輕學子對自己有更多的投資，鼓勵他們成為學習的權益關係人和建構者。自律是僱主期待年輕人具備的特質，而終身學習也依賴自我決定的能力。近來在兒童養護及教育立法方面甚為重視的學生參與，也需要透過此一取向來達成目標。培養學生積極學習的態度，可能是學校當前最重要的目標，雖然學校把焦點放在學生的學力資格上，但是年輕學子將怎麼運用他們的學力資格，到頭來更為重要。對某些輟學的年輕人而言，他們的問題不在於缺少工作或缺少職業訓練的機會，而是由於缺乏自信或缺乏自我決定的能力，以至於他們不願意接觸這些機會；對另外一些人而言，從同儕團體反工作、反職訓的文化中脫離出去，則是一種能力不足的表現。

　　對於自尊在激勵學習方面的角色，本書也對既存的混淆假說提出了批判，尤其針對低自尊是低學業成就的最重要根源之一，以及高自尊是成功的有利條件等看法。這些混亂的概念導致我們相信，提高學生的自尊是學校的重要基本功能。試圖提高學生自尊所產生的益處很小，因為這樣做會忽略了我們對自己的許多感覺，事實上是來自於行為的結果而不是行為的起因（Emler, 2001）。

　　本書同時指出，學校對學生自尊的影響並不如我們所想的多，要

求應用建立自尊策略的呼聲很大，但是單方面的策略運用並不能培育出有信心的學習者（Dweck and Sorich, 1999）。其焦點必須放在對學生很重要的某些技能上，而不是籠統地試圖使學生認為自己很不錯。在班級中真實出現的愉悅感（feel-good factor），正確而言也許就是能使我們達成目標的自我效能──即效佳因子，因為，我們藉由認為自己能以行動達成目標而激勵自己。

 ## 激勵學習的學校

　　就學校經營者嘗試領導教師創造激勵型學校而言，本書列出的原則也有相關性。學生為中心的教學需要教師為中心的學校經營來配合，而各個層面的學校經營，其對待教師的方式都必須和期望教師對待學生的方式一樣。研究發現，創造學校效能的領導風格，與班級中激勵學生的風格相仿。

　　如同專家所建議的，家長在緊急情況中要自己先吸進氧氣再救孩子，教師在思考要如何激勵學生之前，也必須先培養自己的教學動機。

　　學校的經營，必須對整個學校如何運用動機策略有通盤構想，以利維持某些一致的學生學習經驗，以及促進學生在激勵自己學習方面的能力進展。舉例而言，如此一來，當學生達到學校設定的階段式進步時，各班級的動機策略可因應整個班級學生的動機成熟度而愈加複雜。

⑤ 本書目的

對於想在有結構的學習情境中促進年輕學子學習動機的任何人士而言，本書的撰寫旨在增進他們對於動機的理解和應用技巧。本書內容逐步呈現及綜合關於學習動機的最新研究，並且融入實務工作者的直觀想法，它不是「權宜策略」或實務步驟，而是連結的理論。這些理論的說明係透過能使教師思考自己動機和學生動機之概念架構，而這些概念架構所產生的原則，說明了激勵學生的策略，並且保證其可行性。總之，這些原則引導實務的應用並使學生獲得核心能力。

本書試圖對於學生的行為和需求提供更深入的理解，並且針對如何發展最佳的學習情境提出實際的建議。閱讀本書能促使實務工作者反思其建立的學習環境類型，以及這些學習環境如何影響學生的動機，而這有助於闡述對動機的一般概念之理解，例如正面的態度。本書提出的模式可作架構之用，以利更明確地描述動機，以及因此開啟共同分析的機會；它提供了一扇窗，透過這扇窗可以了解在學校中哪些理論和策略是有用的，哪些是無效的；對學校經營者而言，這扇窗能使其考慮教師教學的環境類型。

本書旨在改善讀者的直觀想法，然後協助讀者找出在試圖激勵學生時，必須納入考慮的關鍵自我特質因素。為了激勵學生，教師必須了解自己如何被激勵，以及如何激勵自己。

考慮到關於大腦如何學習的知識暴增，把焦點放在學生如何激勵自己學習，也很重要，然而，欲了解大腦如何學習，必須進一步了解個體如何和學習情境互動。

教師激勵學生的能力，就如同使學生消沉的能力一樣大，教師在

直覺上如何了解動機的作用，會決定他（她）激勵學生的方式。本書旨在使讀者理解，自己的動機心向如何透過所建立的學習環境「下載」給學生。教師常不斷針對學生學業表現背後的動機做出假設，本書將幫助教師驗證他們的假設。例如，有個常見的假設是，學生的「不參與學習」可歸咎到其不滿意學習活動的態度，但是這種只重缺點的看法誣蔑了學生，並且使學生更難專心學習。

　　如果學生在字詞拼寫方面表現不佳，學校應該幫助他們克服困難；如果學生不善於激勵自己，學校卻不知道該怎麼辦。自我激勵是學校依賴甚多、期望甚多，卻教得很少的技能，既然動機在某個程度上係由認知引發，教師就有可能影響學生的想法，進而幫助學生發展有益的動機心向。學生可以分析會促進或阻礙其學習的教學活動，然後提出合理的教學建議（Rudduck et al., 1998）。公開激勵學生並且為班級學生發展激勵的用語，能使他們掌握自己的動機，而目前已有大量的動機「教學」教材可以取得利用（例如，Mindstore, 1998; Pacific Institute, 2000; Seligman, 1998; Tuckman, 1995; Zimmerman, Bonner and Kovach, 1996）。

　　教師必須承認，所有學生都有某些形式的動機，而教師的挑戰是試著「了解」哪些策略能夠激勵學生，例如，有許多被學校放棄的學生對於足球隊的賽程或音樂排行榜有著淵博知識。認為有些學生毫無學習動機的假定，和政治人物的太太認為自殺炸彈客毫無希望可言一樣，都揭露了相同的誤解，因為自殺炸彈客顯然認為自己有很大的希望。

　　本書整個內容都涉及西方文化中的動機論述，其他文化的動機論述可能顯著不同，不過，這些差異因超出本書範圍而不予列入。

Chapter 2 目前對動機的看法

1 動機是什麼？

動機一詞是使用過度而且未被精確應用的術語，這個綜合術語描述了關於思考與行為之原因的所有問題。由於動機也許比決定個人成就的能力更重要，因此，了解什麼是動機也很重要。動機涉及行為的原因，而這是教師常常會問學生的問題。動機（motivation）一詞源自原因（motive）一詞，後者則源自拉丁文「*movere*」——其意為行動（move）。名詞的動機是指促使個人行動的所有力量之總和，動詞的激勵則是指提供學生去做某件事的原因。

就本書的幾項目的而言，筆者特別從學習的欲望，以及應付挑戰、挫折、阻礙的能力，來思考動機。而動機近來被視為是情緒智能的關鍵部分，涵蓋了熱忱、信心、堅持等情感的控制力量（Goleman, 1996）。

動機可以從過去的學習、現在的活動或未來的目標來解釋。對於動機的本質或其最佳分析方法尚未形成共識，也尚無令人信服的理論存在。本書嘗試發展有助於思考動機的有用模式，這個模式不僅使我們更理解動機，也因此有助於評鑑及發展班級教學的實務。

2　動機的作用

　　學校所操作的通常是單面向的動機模式，只考慮到動機的多寡；亦即，教學通常認為學生的學習動機被激發或沒被激發。從多層面而非有無的二分法來思考動機，也許更有幫助。動機有兩項主要的作用，首先是引導的作用——從幾個選項做選擇然後維持原來計劃的行動；其次是增強的作用，例如增加熱忱。這兩種作用提供了教師可以評量學生動機的證據，雖然教師常常認為有些學生毫無動機，事實上，沒有所謂不被激勵的學生，每個年輕學子都有動機心向，只是有些學生的心向比其他人更聚焦在學習上。

3　動機理論

　　動機理論可分成兩大陣營，各以對人性的不同假定作基礎。行為學派的理論認為人的行為是反射的、本能的，受到「刺激—反應」的機制所制約，因此所有的動機都被視為來自基本驅力、本能或情緒。由於行為學派的理論看來直截了當又容易應用，這類理論廣為教師接受。「胡蘿蔔和棍子」理論則顯示了根深蒂固的假定和普遍的概念：激勵就是提供酬賞和處罰。根據這項理論，當你激勵學生時，你正在應用類似酬賞、威脅處罰或結合兩者的刺激物。

　　在如何界定動機和設定動機的基本結構方面，過去二十年來已經有了重要的改變（Bandura, 1989; Covington, 1998; Eccles, Wigfield and Schiefele, 1998; Gollwitzer and Bargh, 1996; McClelland, 1985; Pintrich and Schunk, 1996; Sandstone and Harackiewicz, 2000）。最重大的改變是將

焦點放在內在的歷程而非環境因素，而關於自我的信念，從個體幼年開始就扮演了主要角色。

　　當前的理論愈來愈接受自我是動機的核心之說，也更了解行為的自我決定部分。人類心智的最大輸出是自我意識——對自我角色的意識。但是目前我們對自我的理解正在快速演變，而且掌握其複雜度是極大的挑戰。我們不再認為個體的動機來自對外在刺激的反應或被外在刺激操控，而認為個體是被個人目標、對自我能力的信念，以及對自我的評價所激勵，這些動機的資源被視為是個人內在的東西，因為我們對於整個人生歷程中有關自我的訊息，全都高度適應並且感受敏銳。動機出自內在但也受到外在的深度影響，因此動機取決於是個體與其外在環境的互動。

　　自我的關鍵任務是自我增進（self-enhancement），這項人類行為的基本定律，源自於感覺自己有能力、能自主，以及為他人所喜愛的需求（Deci and Ryan, 1985）。要達到自我增進，必須找出能提供高度成功機會的領域：不受會產生失敗的領域所影響並退出這些領域、理解發生的事件以利從最好的角度呈現自我，以及在不期遭遇失敗時仍能將成功歸功於自己，而且把任何的失敗都看作是學習經驗。

　　對動機的思考已經從制約學習轉移到認知取向，後者與如何應用即將產生的刺激有關。在該模式中，學生被視為是活躍的資訊尋求者和處理者，而不是教師輸入知識的被動接受者。學生的信念、思想、感覺、價值，都被看作是影響行為的主要力量。

4　從理論到實務

　　長久以來，教育思想的特徵是，「教育即內在發展」之觀點和「教育乃外塑形成」之觀點，兩者彼此衝突（Dewey, 1938）。教師無法直接使學生產生動機，但是教師可以建立培養學生動機的情境。迫使學生表現得更好，是可能做到的事，但是教師無法把對學習的熱愛強加到學生身上。最優秀的教師會創造學習情境，以使學生發展興趣的機會達到最大程度，並且排除掉對學習構成阻礙的情境。透過建立最佳情境，教師可以在引導學生如何激勵自己方面，產生最大的影響，而這些情境能幫助學生形成對能力的信念、應用學習的方法、理解自己的進步，以及感受自己的能力程度。

　　視學生所致力的任務類別而定，他們對自我能力的看法會有差異，並因此導致動機會隨著場所不同而不同。在探究學生的動機時，重要的是考慮學生對其自我能力的本質、對自我的目標，以及對能力的自信程度之看法。只有在這些變項維持恆定時，動機才可能隨著時間和情境的變動仍然保持一貫。

　　目前的動機模式傾向於集中在認知的歷程。這些模式假定，學業能力是學生在學校所追尋的基本目標。但是只要考慮到動機，學生的團體生活層面也必須包括在內。社會目標（social goals）是學業成就的有效指標，增進學生在人際方面的行為反應往往能使學生產生更好的學業表現（Juvonen and Wentzel, 1996），而班級的社會氣氛則是學業和社會行為的有效激勵因子。

內在動機和外在動機

　　當單純為了事情本身、興趣、喜好而想要做某件事，或者，當我們的滿足感發生在活動的過程之中而非結束之後，我們的動機是由內而發的（Deci, 1975）。參與就是酬賞，不需要依賴外在的增強或強迫。一方面，學生受到內在動機的驅動，以滿足自己的知識及理解之需求、能力感和成就感的需求、自我決定和追求刺激的需求，以及與人共處和獲得他人贊同的需求（Boggiano et al., 1987; Lepper and Henderlong, 2000; Sandstone and Harackiewicz, 2000）。當我們鼓勵學生發揮好奇心、毅力、喜好、精熟度，以及獨立的能力時，就是在培養他們的內在動機。另一方面，外在動機是為了使自己想要的事情發生，或者，使不想要的事情中止的行為驅力。總之，個體的行為驅力可以受到外在的酬賞驅動，同樣地，此行為驅力也可以起自逃避不想要的後果。使目的達成的手段就是動機。

　　若不根據內在、外在的二分法來思考動機，則各種形式的動機都可以被視為分開的連續體，範圍從高到低。就任何特定的活動而言，學生可能兼有外在動機和內在動機，例如，學彈鋼琴的內在動機非常低的幼童，會需要由父母提供的大量引誘物作為外在動機。當幼童有進步時，他的內在動機可能會增加而外在動機會相對減少。雖然這些內、外在動機層面描繪了學生在相關特定活動的特徵，但這些動機會隨著時間改變，而且內在動機的突然變化也很常見。要獲得學業成就，學生必須兼顧內在動機和外在動機。不過，因為內在原因而致力於學習任務，不僅能得到更多樂趣，也有助於學習和獲得學習成就，因此，學習有助於提升內在動機。

6 自我決定

自我決定是想要控制或改變行為、思想、感覺等所做的各種努力，其主要特色是：就開始、中止或改變行為而言，某一個行為優於另一個行為（Carver and Scheier, 1998）。自我決定是我們覺得能自由主導行為之程度（Deci and Ryan, 1985; 1987; 1995）。自主的行為來自於自我意識，不同於受控制的行為是來自於外在的壓力，自我決定或許是使人成為適應良好個體的最有力因素。

自我決定的基本特徵包括：有特定目標、就該標準監控自己的行為，以及改變自己的行為以更配合該標準。如果學生不清楚目標是什麼，可能會發生無法自我決定的狀況，例如，教師的說明無法使學生明白目標；或者，學生在家庭和學校之間遇到相互衝突的標準。自我決定的問題，也會發生在學生無法自我監控之時，例如，在一群霸凌者之中，學生會失去他（她）的個人感，或者學生由於有難以聽講或難以維持專注之類的困難，而欠缺達成標準之能力。

10

7 從外在規範邁向自我決定

自我決定的範圍，涵蓋不同類型外在動機到不同類型內在動機（Deci and Ryan, 1985）。外在動機的類型可從行為規範的自主程度來區分，而不同階段反映了行為的價值被內化的程度，其連續關係圖示如圖 2-1。

兒童在學校教育的開始階段，常常被要求去做教師告訴他們去做的事，這些外在規範的例子包括：學生一違反規定，教師就會處罰他

> ▷ 圖 2-1　規範作用的階段

們。除了要求服從之外，也有必要鼓勵學生「內化」這些規定。在內在投射規範（introjected regulation）階段，學生會遵守規定，但是尚未將其納入自我意識之中。內在投射規範是指，學生支持學習任務，是因為他們不這麼做就會覺得有罪惡感。對某些人而言，這些「應該遵守」的規範可能包括了為考試而讀書、做回家作業、探視生病的親戚或年邁父母。

　　個體在認同規範之後，其行為即開始整合到自我意識之中。例如，認為回家作業很重要而做作業的學生，即達到了認同的規範之階段；只因為父母堅持要他們寫作業而做功課的學生，則仍然處在內在投射規範之階段。又如，對某些人而言，運動未必是有趣的，但他們還是認為運動對個人的健康幸福有好處，這樣的想法也仍停留在內在投射規範。在認同規範階段，學生會了解活動或規定的好處。雖然此種體認依然是工具性的，但代表了初步的自主形式，因為學生自己判斷價值、理解理由，以及在與價值判斷一致的行為之中，體驗自我決定感。雖然認同規範是自我決定式動機，但它和內在動機的不同在於其工具性；它所導致的行為並非出自行為本身。

　　教學的目標應該是透過慢慢鼓勵學生自主、給予學生自行解決問題的機會，以及鼓勵他們參與做決定，來幫助學生達到自我決定的階段。最終，我們不要學生遵從我們的價值與規定，而是要他們能夠對於該贊同哪些價值與規定，做出自己的決定。做決定的最有效準備就是做出決定，當學生覺得自己未受到過度操控時，他們更有可能內化我們所重視的價值。反映外在規定而非內在規定的監視和有條件的讚美，會損害學生內化價值的過程（Deci and Ryan, 1985; 1987; 1995）。

11　有機會參與家庭事務決定，以及父母允許某種程度獨立行事的學生，會比那些沒有這類機會的學生，發展出更高程度的求學興趣與樂趣（Burger, 1992）。

　　內在動機是自動產生的，這樣的動機無法強迫引發卻可以被驅動。過度的壓力會因為逐漸損害學生的探究力、好奇心、創造力、自發性，而產生事與願違的結果。孩童所內化的想法來自於成人，例如，理想上，父母希望子女成為什麼樣的人物，也會像外在控制一樣帶來壓迫感，然後損害他們的內在動機。

　　試圖鼓勵孩子從事其喜好之活動的父母，當他們明白以下情況，就會覺得進退維谷：若未引導孩子並提供其參與特定活動的足夠機會，孩子不可能變得有興趣。然而，父母不想把他們的期望過度強加在孩子身上，不想要所做的努力產生事與願違的結果，也不想損害孩子所參與活動的內在價值。因此，如何折衷，很難達到平衡。

　　本書發展的動機模式，旨在探究有助於形塑自我決定的關鍵動機心向，以及探究對這些心向特徵造成最大影響的班級驅力應用策略。這套模式是建立在動機的認知理論之上，因為認知理論對於如何在班級中培養學習動機，能提供最有用的洞見。

Chapter 3 什麼力量會驅動動機？

　　本章呈現一套關鍵的班級特徵或驅力模式，並且說明這些特徵或驅力如何共同作用，以影響學生的動機。

　　首先討論作為基礎的關鍵動機，然後說明動機模式中兩個層面的核心特點。

1 平衡相互衝突的動機

一、相同與差異

　　我們想要和其他人一樣，但也想要和其他人不同。我們透過認同「內團體」（in-group）的共同特徵而將這些衝突的目標加以折衷，並且也透過排拒共同敵人或「外團體」（out-group）的差異而強化一致性（Brewer, 1991）。此過程係透過人際關係面向而作用。我們的社會認同源自於從他人得到肯定、與他人相似之需求，以及成為獨特個體之需求之間的基本張力。青少年同儕團體是這種現象的恰當例子，青少年發展出能讓自己融入同儕的外表打扮及行為風格，而這些風格又同時讓自己的父母覺得很礙眼。就像時尚風格一般，團體認同感巧妙地讓我們同時與他人既相同又不同。

與他人相同（肯定）

與他人不同（排拒）

二、追求或逃避

孩童生來就是主動的、好奇的、好玩耍的，以及天生喜好學習與探索。他們天性好動，但也容易消極被動。學校必須支持及鼓勵學生有建設性的好動傾向，並且將導致學生懶惰和消極被動的力量減到最低。

被動的 ◄─────────► 主動的

我們同時具有兩種主要的能力動機，也就是追求成功和逃避失敗（Atkinson, 1964）。有些人大體上有比較多的逃避傾向，有些人則表現更多的追求行為（Higgins and Liberman, 1998），當眾人及其個人的自我實現需求比擔憂各種失敗更重要時，尋求成長的個體對於發展會有強烈的需求（Maslow, 1962），因此他們會將阻礙和挑戰視為發展的機會（Dykman, 1998）。

逃避 ◄─────────► 追求

14 三、關鍵的人際動機

孤獨和混亂是我們的兩大恐懼，我們努力透過與他人的親密關係和得到他人的認可來避免孤獨（建立人際關係）；我們努力透過尋求自主和控制自己的生活來避免混亂（增能）。混亂和孤獨常常是學生動機問題的核心，相對地，有安全感的成人，其特徵是既覺得與人親密又自主獨立（Bartholemew and Horowitz, 1991）。圖 3-1 說明我們的兩大恐懼如何驅動關鍵的動機。

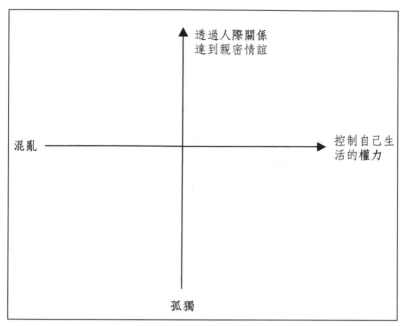

透過人際關係
達到親密情誼

混亂

控制自己生
活的權力

孤獨

▷ 圖 3-1　人際的動機

② 動機驅力與兩大面向

教師應利用學習情境的四大特徵來驅動學生的自我動機。

首先，教師必須傳達，他們對學生有教導的興趣。教師透過專注驅力來傳達，此一驅力能形塑師生之間和學生同儕之間的人際關係品質，而專注的品質反映了教師想要了解及認識學生的意願。專注一詞常常被用來描述學生對學習的一般參與狀況，但是就此處所指的意義而言，其焦點限定為社會方面和情緒方面的專注。

第二，教師必須向學生說明，他們能如何達成教師期望的結果和目標。結構驅力決定了外在明確資訊的總和，這些資訊在班級中即可

獲得。藉由清楚設定界限、溝通目標，以及不斷回應學生的需要，教師就能提供教學所需的結構程度。

當教師就專注的氣氛和結構而言已「準備就緒」，他們就可以好好實施課程。第三，最佳激勵必須用到刺激驅力，此驅力與班級中的教學品質有關。當學生想要因為事情本身、因為興趣和喜好而做某件事時，他們就產生了內在動機。相關度、挑戰、控制、好奇、幻想，這些都屬於主要的內在激勵物。

最後，自我激勵必須用到能告知學生學習情形的回饋驅力。動機的回饋涉及應用讚美和策略、使學生覺得要對自己的成功負責、強調個人的而非符合常模的學習成就，以及將失敗連結到學生可以修正的因素上。

15

這四類驅力沿著兩大面向運作。權力面向係由結構和刺激驅力聯合操作；專注和回饋驅力的運作則沿著人際關係面向。就像汽油及汽油引擎，兩大面向必須兼具，缺一不可。電腦化的學習可以提供某種刺激驅力，但是無法提供人際關係驅力。而師生關係則是學習動機的重大成分。

圖 3-2 呈現本模式的主要特徵。

3 本模式如何運作

本模式的基礎原理是：對自我而言，動機來自於內在，當班級教學能敏銳察覺及滿足學生的需求，學生的動機會變得強烈。學生會從內在產生動機以滿足其追求刺激和自我決定的需求（即權力）；同樣地，他們也會從內在產生動機以滿足與人聯繫、得到他人認可，以及

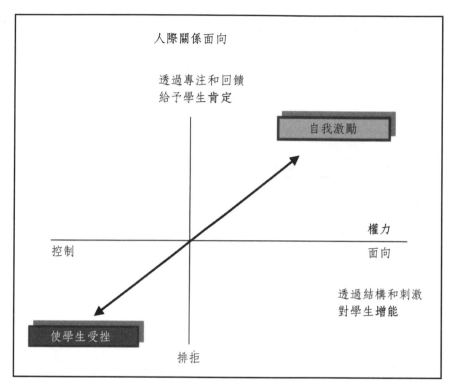

人際關係面向

透過專注和回饋
給予學生肯定

自我激勵

權力
面向

控制

透過結構和刺激
對學生增能

使學生受挫

排拒

> ▶ 圖 3-2　班級學習動機的兩大面向

建立成就感的需求（透過人際關係得到肯定）。

　　兩大面向和四類驅力之間顯然有重疊之處，例如，回饋驅力有增能的作用，像是意在鼓勵而非控制的讚美，或者分配責任而非責怪等等回饋的例子，都可以被歸類為增能。同樣地，類似能增進自我意識的最佳挑戰，也可以成為帶有肯定性質的刺激。的確，當讚美達到增能的效果時，就變成了鼓勵；當權力分享達到肯定的效果時，學生就體驗到信任。

16　**一、四種班級類型**

　　圖 3-3 顯示，兩大面向如何相交以形成四個分立的模式，以及產生四種班級類型。就像室內植物一樣，學生的動機會因為疏於照料、過度呵護或虐待而受損。

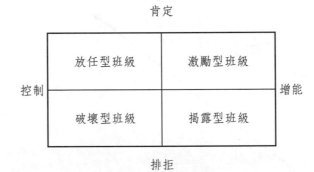

> 圖 3-3　四種班級類型

17　　圖 3-4 顯示以天氣狀況表達的四種班級類型。就像天氣一樣，班級狀況也是多變的、難以預測的。

　　概覽家長教養實務，也可以發現溫情和控制等兩大主要的面向（Rohner, 1966）。Maccoby 和 Martin（1983）從結合上述描述四對立模式的這些面向，找出四種家長教養類型，例如權威式（authoritative）、權力式（authoritarian）、放縱─縱容式（indulgent-permissive）、排拒─忽略式（rejecting-neglectful）。相關研究一致發現，來自權威式家庭的青少年表現出最正面的學習結果——包括在學業成就方面（Dornbusch et al., 1987; Johnson, Shulman and Collins, 1991）。

悶熱的	晴朗的
寒冷的	暴風雨的

▶ 圖 3-4 四種班級的動機氣氛

圖 3-5 摘要了各種班級類型的四類動機驅力。

放任型班級的特徵，可以簡略描述如下：

1. 過度保護的氣氛。

2. 約束性的氣氛。

3. 縱容的結構。

4. 欠缺要求的課程。

5. 低期望。

6. 讚美容易達到的學習結果。

7. 過度依賴外在酬賞。

8. 同情學生的失敗。

破壞型班級的特徵，可以簡略描述如下：

1. 低期望。

2. 強迫學習。

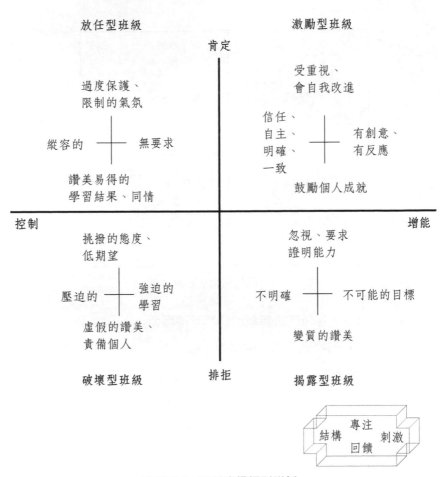

放任型班級　　　　　　　　　激勵型班級

肯定

過度保護、
限制的氣氛

受重視、
會自我改進

信任、
自主、
明確、
一致

縱容的 ── 無要求

有創意、
有反應

讚美易得的
學習結果、同情

鼓勵個人成就

控制　　　　　　　　　　　　增能

挑撥的態度、
低期望

忽視、要求
證明能力

壓迫的 ── 強迫的
學習

不明確 ── 不可能的目標

虛假的讚美、
責備個人

變質的讚美

破壞型班級　　　排拒　　　揭露型班級

專注
結構　　刺激
回饋

▷ 圖 3-5　四種班級類型詳析

3. 壓迫型結構。

4. 責備個人。

5. 虛假的讚美。

6. 聚焦在學生犯的錯。

揭露型班級的特徵，可以簡略描述如下：

1. 要求證明自己實力的班級氣氛。

2. 以高標準的評量作為威脅。

3. 不確定性。

4. 混亂的結構。

5. 變質的讚美，比如「為什麼你不能總是有好的表現？」。

6. 不懷好意的讚美。

7. 重視學習結果更甚於學生的福祉。

8. 有些學生覺得壓力過大。

激勵型班級之主要特徵包括：

1. 信任。

2. 自主。

3. 有創意、幽默。

4. 有反應的班級氣氛。

5. 學生感受到被重視。

6. 自我改進的氣氛。

7. 目的和目標明確。

8. 一貫性。

9. 強調個人的成就。

10. 鼓勵學生、真誠讚美學生。

二、八種班級類型

　　兩大主要面向的交錯，也產生了像圖 3-6 所示的次軸線。「霸凌─動機培養」軸線反映的事實是，霸凌是培養自我動機的相對另一端，兩者在同一條連續線上。霸凌是指傷害他人以增強自我，而培養自我

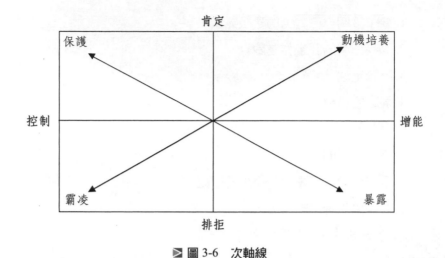

圖 3-6 次軸線

動機是指犧牲自己以增強他人。第二條連續線的範圍包括此端的過度
保護，到彼端的暴露，而這條連續線上的任何一端都不比另一端更討
好，因為在保護面向的另一極端是面對危機或危險，因此，此面向最
適當的位置是在中間某處。

　　人際關係面向產生的是人際聯繫程度，增能面向產生的是能力感，
而培養面向產生的是自主意識。如前面所述，自我受到能力需求、自
主需求，以及與他人聯繫的需求所驅動（Deci and Ryan, 1985; 1987;
1995）。

　　如果一併考慮次軸線和兩大主要面向，會得到更精確反映所有班
級類型的八種形式，圖 3-7 說明了這些形式。

19　　學校是由不同類型的班級所組成，而不是受到一兩種班級類型的
支配。

　　上述面向若進一步分化，可再詳細分成十六種類型或十六個區域。
任何班級的學生都可以被分配到所有這些區域之中，而且他們在圖 3-8

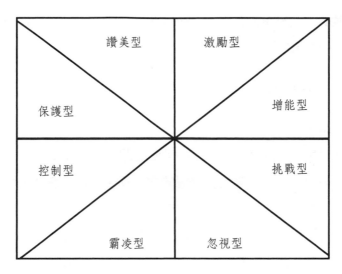

▷ 圖 3-7　八種班級類型

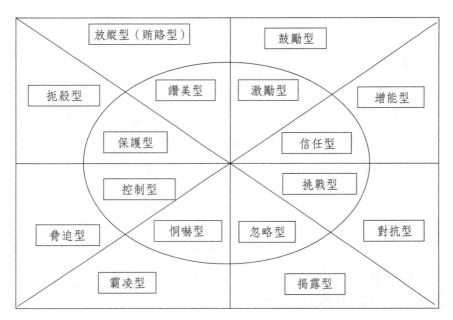

▷ 圖 3-8　十六種班級類型

中跨區域的行為變化的確很大。該圖生動說明了激勵型班級教學所需要的能力程度和挑戰。

20　三、人際關係排檔

　　激勵學生的核心關鍵存在著兩個主要的兩難困境，其一是試著無條件接納學生和同時給予學生正確回饋之間所產生的壓力。

　　學生需要來自個人價值被重視的安全感。但這不意味著教師無論如何都必須對學生很溫和，或者教師必須降低其標準。另外，給回饋時應該誠實以告，並且以學生的優點為本，在某種程度上，任何負面的回饋都應該連結到特定的行為，以避免對學生做人身攻擊。只要學生知道他們的價值受到肯定，就會聽從有關自己該做什麼的正確回饋。無條件接納則是指，接受對方身而為人的價值。

　　我們的文化態度和生理反應都使我們能夠適應負面的情況。教師尤其被「訓練」成「注意」問題的人。因此，他們需要有意識地聚焦在好的行為，然後從控制性的接納進展到鼓勵學生，再進展到肯定的回饋，後者顯示教師非常了解學生、非常重視學生。最能達到這種狀況的方法是，透過下列摘述的人際關係「排檔」運作。教師與班級之間的關係就像任何的人際關係一樣，在其早期發展階段是以關係的增長為特徵，如果增長得很少，彼此的關係可能就會倒退。

(一)第一檔：有條件的支持

　　這是任何類型師生關係的起點，牽涉到視學生順從程度而定的行為肯定，包括公平的懲罰和批評時不攻擊學生的自我價值。教師在這個階段會有機會逐漸認識學生。

(二)第二檔：鼓勵

　　這個排檔包括了正面的期望和態度、對學生成就的認可，以及以學生的優點為本、精確但有同理心的回饋。極重要的是，要避免對學生做主觀的、個人的攻擊。受到鼓勵的學生會覺得自己對任何的成就都有責任。此階段對幫助學生形塑其學習者的身分認同感，非常重要。

21

㈢第三檔：肯定

　　在這個排檔，教師會向學生傳達，她（他）充分認識學生、充分了解學生、充分重視學生，並且對學生強調自我改進的重要。

　　學生透過上述這些排檔獲得的進步，將會是正面的自尊。

㈣倒退檔：排拒學生

　　這個排檔包括對抗的態度、忽視學生、對學生沒有興趣或過度保護、對學生的期望很低。教師可能給學生（看起來像但實際上不是的）空洞、勉強、假意之讚美，或是不必要的酬賞。這個排檔的典型例子是攻擊學生自尊的個別責備。

　　在圖 3-9 中，這四個排檔將針對兩類人際關係的驅力而詳述。

人際關係
面向

倒退檔 排拒學生		第一檔 有條件的接受	第二檔 鼓勵	第三檔 肯定
激怒、 不感興趣或 過度保護、 低度期望、 輕率評價、 主觀批評、 個別責備	專注 回饋	有條件的支持 描述的、 客觀的、 外在酬賞或 處罰	正面的期望、 全面的態度、 認可 反思的、關於漸 進成長的努力和 進步情況之資訊	充分認識學生、 充分重視學生、 強調自我改進 自我評鑑、 學生覺得對學業 成就有責任

▶ 圖 3-9　人際關係面向

四、權力排檔

　　教師的第二個主要兩難困境是，在控制學生和發揮學生自我決定潛能之間保持平衡（Vallerand, Guay and Fortier, 1997）。透過控制，控制者可以表達興趣和關切，但也代表其缺乏信任和無力感（Pomerantz and Ruble, 1998）。有趣的是，自信心（confidence）一詞來自拉丁語的「*fide*」，其意為信任。教師必須保護學生，給他們需要的安全感，但也要同時鼓勵學生負責任。這個兩難困境的壓力可以解決，其方式是一開始就設定規則及建立權威，然後逐漸「放鬆約束」，以及提供學生更多協商、選擇、自我決定的機會。以這個方式，權力的堅持可以透過權力的分享轉換成個人的力量。亦即權力面向的延伸會從過度的堅持權力轉換到下列情況：學生受到增能，對自己的學習更能夠控制。

　　首先，增能必須透過教師的施展權威，以給予學生方向感、合理的壓力，以及以非控制的方式，使學生在合理限度內增加選擇機會。相對於受到失去少量權力的恐懼感所驅使的教師，更能激勵學生的教師會尋求合作，並盡快把自己的力量送出去。最能達到這種狀況的方式是，透過增能「排檔」適當地向前邁進。

22

(一)第一檔：權力的堅持

　　對於和一群學生建立各種激勵型關係而言，這是起點，其特徵是堅定不變的講求公平，並且包括班級學生管理和課程傳遞的基礎。

(二)第二檔：權力的分享

　　轉換到這一檔很重要，就發展激勵型班級而言，這是具有挑戰性的階段，並且涉及建立彼此尊重的關係。增能的核心關鍵是信任，信任是把所有事物結合在一起的黏膠。相對於責罰，此階段強調的是績

效責任。

㈢第三檔：個人的權力

當第二檔穩固之後，轉換到第三檔就會比較平順。透過使學生有很高的自我決定程度，此階段對於學生的動機心向有最大程度的影響。

學生透過上述這些排檔所獲得的進步，將會是自我決定的能力和內在動機的增進。

㈣倒退檔：權力的錯用

帶著無用的動機心態成為班級一份子之學生，會驅使教師踩倒退檔，其典型例子是過度的或錯誤的權力堅持、羞辱學生，或者造成班級的混亂。壓力過大或達到「倦怠」程度的教師，也可能逐漸陷入這個層次──通常由於害怕失去對學生的控制。

圖 3-10 針對增能驅力詳述這四個排檔。

透過給予學生將其行為與目標連結的選擇機會，班級可以支持學　*23*
生的自主。所謂選擇，並不表示學生在無教師指引的情況下做決定，或者隨興所至做決定。教師必須為學生建立鷹架，以使學生能在更有彈性的條件下做選擇。有效能的鷹架必須經常重新調整，以適應學生的成熟度增長（Bruner, 1983）。課堂教學或多或少需要結構，而教師也必須有彈性，適時抓緊或放鬆其「掌控」，以利給予學生符合其程度的教學結構（Galvin, Miller and Nash, 1999）。

五、驅力及其排檔

前文所描述、產生四種班級類型的四分模式，必須如圖 3-11 所示予以重新架構。以利更精確反思非最佳環境的範圍，以及反思最佳班級的概念──所謂最佳班級係由向前進的排檔所產生。

不可能、不清楚、無關的目標	刺激	目標清楚、可行的、適當的、重要的、有用的目標	最佳挑戰、能力範圍內的表現、分享目標、好奇、刺激、幻想、樂趣	控制、問題解決、做決定、有能力感
破壞的、強迫的學習		教師主導的學習、學習結果可預測	建構式學習、協調學習結果	創意學習、結果開放
過度的或壓迫的規定、混亂、	結構	少數正面的、顯明的、可歸因的規則	協商的規則	學生負責任
權力主義、指示不清楚		領導的、權威的、公平的、可預測性	跟隨、相互尊重、信任	自我控制
權力的錯用或過度使用		權力的堅持	權力的分享	個人的權力
倒退檔		第一檔	第二檔	第三檔

▷ 圖 3-10　權力面向

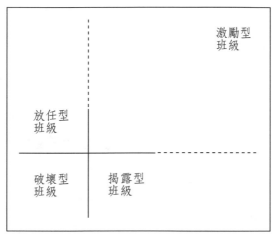

> ▶ 圖 3-11　**最佳的班級**

　　圖 3-12 顯示完整的驅力模式，此模式呈現了四種驅力的各四種排檔，並且進一步針對三種失去動力的班級類型，詳述其倒退檔。

六、教師與學生之間的交互關係

　　這個模式反映了學生投入學習和教師行為的交互關係，而後者受到教師對學生動機的觀感所影響（Skinner, 1993）。教師會根據其感受到的學生反應，來修正對學生的行為。例如，教師可以成為學生動機的轉換者或增強者。教師從未處於空檔狀態，也從未產生中立的效果，所有教師對學生的動機都有某種程度的影響，他們不是彌補學生的動機不足，就是以能夠加重學生最初動機的方式來反應，例如和沒興趣學習的學生保持距離。

　　相較於未增加學生最初投入學習的程度，交互影響的效果往往更常見。對於有動機的學生，教師的自然反應是教學更投入、鼓勵學生更自主，以及給予更多正面回饋；對於很難被激勵的學生，教師自然

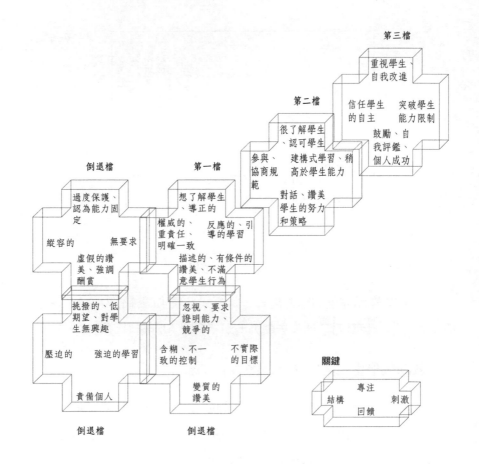

第三檔

重視學生、
自我改進

信任學生　突破學生
的自主　　能力限制

鼓勵、自
我評鑑、
個人成功

第二檔

很了解學生
、認可學生

參與、　　建構式學習、稍
協商規　　高於學生能力
範

對話、讚美
學生的努力
和策略

倒退檔　　　　　　　第一檔

過度保護、
認為能力固
定

想了解學生
、導正的

縱容的　　　無要求

權威的、　　反應的、引
重責任、　　導的學習
明確一致

虛假的讚
美、強調
酬賞

描述的、有條件的
讚美、不滿
意學生行為

挑撥的、低
期望、對學
生無興趣

忽視、要求
證明能力、
競爭的

壓迫的　　強迫的學習

含糊、不一
致的控制

不實際
的目標

責備個人

變質的
讚美

倒退檔　　　　　　倒退檔

關鍵

專注
結構　　　　刺激
回饋

> ▶ 圖 3-12　完整的驅力模式

　　會有更多的敵意、更多的忽略、更多的強迫、更多的負面回饋。動機充分的學生往往變得更有動機，然而低動機學生的典型班級經驗使他們的動機更低。這類的動機循環模式強調，學校的高階管理者應該注意及改變師生之間有問題的互動模式。

　　圖 3-13 和圖 3-14 以四分格來摘要四種驅力對學生的影響。

24

受阻的成長	成長
被寵壞、懶惰、 「備受保護的小孩」	「努力以赴」
沒有成長	扭曲的成長
心有不滿 態度嘲諷	挑釁

▷ 圖 3-13　對學生的影響㈠

喜愛的	眩惑的
壓制的	疲憊的

▷ 圖 3-14　對學生的影響㈡

4 結論

　　當然，學生的班級生活與學校生活並不像上述模式那樣清楚切割，明顯的劃線也不能把各排檔彼此分開。但是這個模式能讓我們討論，當班級學生改變時，教師的角色會如何演變。就每個排檔而言，教師扮演不同的角色，也組合應用不同的驅力。例如，當班級學生行為成熟時，結構會變得比較不明顯，而動機的刺激會變得比較重要。關鍵事件會使班級倒退到倒退檔，但有時，先倒退再前進是有用的，關於這一點，可舉例某位教師對嘈雜的班級學生所說的話來說明：「抱歉，你們不能再坐在駕駛座上主導一切，我要接管一陣子，現在請開始坐到後座去。」有技巧的教師會有彈性地應用每一個排檔，以適應變化

中的環境。

　　然而，若學生的成熟度已足夠提升到更高檔，而教師卻一直困在相同的排檔──通常是較低檔，這會變成問題。換檔也可能出問題，例如在尚未建立初步的互信時，教師就平等對待學生。許多高年級學生對學校課業不用功，是因為他們覺得自己的成熟程度和被允許的自主不相稱，例如，上廁所之前要得到准許。

　　在最高檔時，師生關係以持續改善的方式繼續演變，行為處在最高檔的學生，會有自我肯定和自我增能的能力，但也會繼續從使他們腳踏實地的驅力獲益，尤其是從回饋獲益。

　　班級的驅力之間有所重疊，它們彼此依賴並以倍增的方式互動。缺乏刺激的班級會變得令人厭倦，缺乏結構的班級則會造成混亂。結構提供了能使最佳刺激發揮作用的情況，學生的專心學習能使教師適應學生的波長，倒過來使教師找出能激勵學生的事物。尤其，它能同時給予教師權力和知識，以設定真實的期望和提供最適宜的回饋方式。不專心學習的班級學生會損害師生的和睦關係，因為教師將欠缺因材施教的能力以滿足學生的個別需求，更糟的是，它會使學生產生疏離感。另外，缺少回饋則會使學生有不確定感。理想上，所有的驅力應該一起運作，並朝向相同的結果前進。影響力高的教師會使用四種驅力及其排檔，以顯示其能夠有技巧地為班級學生選擇各種驅力所需的正確排檔。

　　圖 3-15 以摘要矩陣呈現四種驅力的四種排檔。這個表格可被用來作為特定師生關係，或者學校行政與教師關係的分析工具。

　　如圖 3-16 所示，各個排檔對學生的自我意識有不同的影響。我們的自我發展需求傾向以上升的方式成長──達到某個層次之後會自動

倒退檔	第一檔	第二檔	第三檔
脅迫	矯正	同理心	理解
輕率批評的	客觀的	討論	自我評鑑
破壞性的	能接受的	有建設性的	創意的
威權的	權威的	信任	自主

專注　回饋　刺激　結構

▶ 圖 3-15　各驅力和排檔的四乘四表格

27

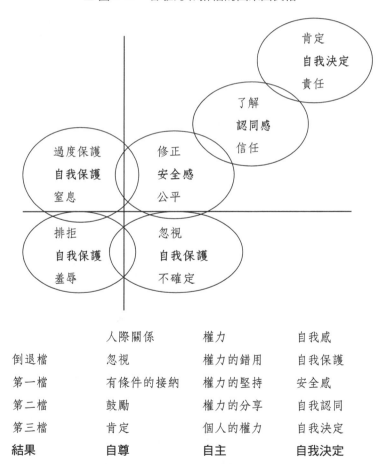

	人際關係	權力	自我感
倒退檔	忽視	權力的錯用	自我保護
第一檔	有條件的接納	權力的堅持	安全感
第二檔	鼓勵	權力的分享	自我認同
第三檔	肯定	個人的權力	自我決定
結果	**自尊**	**自主**	**自我決定**

▶ 圖 3-16　各排檔如何影響學生的自我意識

邁向下一個層次（Maslow, 1968）。倒退檔會使學生尋求自保（self-preservation），處在第一檔的班級情境的主要基礎能提供學生安全感，第二檔的特點是能促進學生的學習者身分認同感，第三檔的特點則是促進學生的自我決定感。

　　本書第三篇將摘要能以這個架構說明的策略，以及能被整合到所有課程領域、所有班級、所有學校教育歷程的實務。第二篇則討論對形塑學生自我動機很重要，而且會直接受到教師影響的動機心向。

PART 2
第二篇

動機心向
The Motivation Mindsets

29　　　　動機理論指出，專注驅力和回饋驅力能傳達對班級學生的肯定，而刺激的驅力和結構的驅力則有增能作用。接下來的問題是，為什麼驅力有用？這些驅力如何影響學生的動機，特別是影響他們的學習者自我意識？

　　　　本篇摘要四種動機心向，這些心向都會受到四種班級驅力的影響。第四章一開始先談學生對能力的概念，接著討論學生如何理解他們的學習成敗，以及對這些學業進步情形的解釋如何影響他們對能力的信念，其次則描述學生對成就的態度，這些態度是一套整合的、導致參與學習情境的特定方式之信念。第五章提出關於自尊的問題，其內容先比較有正面自尊與有負面自尊的學生，以及高自尊與自尊多變的學生之差異；然後討論自尊令人費解的特性，以及我們對於自尊的誤解會產生什麼結果。再下來，描述關鍵的「愉悅」因素，也就是在目標達成上的自我效能，這些討論檢視心向如何一起運作，以及自尊在激勵學生方面的角色。第二篇的最末章則檢視學習目標所扮演的重要角色。

1　教師如何理解學生的動機

　　　　當教師被要求陳述他們對學生動機的看法時，這些看法的特色可被歸類為四種主題或要素（McLean, 2003）。教師對學生動機的構念（constructs），可透過對比容易被激勵的學生和很難被激勵的學生，而輕易得出。當教師考慮學生的動機時，他們想到的特點往往可以歸類為四個主題。

一、動機的啟動

當教師思索學生的動機時，他們傾向於想到可以歸類為學習動機先備條件的特點。有些學生很難被激勵，但其原因頗明確而且通常連結到兩項主要因素，第一項關鍵因素是父母的支持及興趣，如果欠缺父母的支持，而且父母對學校教育沒有興趣或反對學校教育，那麼學生就很不可能專心學習。

第二項因素是學生的基本自律程度。理想的學生是獨立的、專注的、合作的學習者，例如，這樣的學生會有能力聽講、注意力集中、維持專心，他們了解學校教育的目的、知道自己正在努力的目標，以及設定自己能達成的任務。如果有需要，他們會尋求協助，和他人合作愉快，以及與教師保持良好關係。自律有問題是從概念形成有問題開始，亦即，很容易分心、無法專注。學生可能會有組織資訊的問題，可能心智不成熟或過度依賴，他們在家裡可能習慣為所欲為，並且喜歡以自己的方式做事。有這些困難的學生，在自我激勵方面會出現主要的障礙，而且被認為處於「自律前期」階段。

就更進階的程度而言，學生有能力表現更複雜的自律策略，對於 *30* 自我激勵顯然非常重要，尤其是自我評鑑、自我監控、策略規劃，以及監控結果的能力（Zimmerman, 1990; 1992）。

二、動機的指標

教師的大多數構念都與學生動機的描述有關。這些描述傾向於落入三個主要的類別。首先，學生的反應程度如何？一方面，學生也許專注於學習、也許認同學習，並且表現出很大的努力和毅力，這類學

生熱衷於嘗試各事物及維持高度的努力程度；甚至於有些學生很容易就和教師互相認識，很善於取悅教師，很容易得到教師的讚美和酬賞。另一方面，有些學生可能無法了解學習的目的，這些學生需要直接的提示，他們把所有的精力花在巧妙的延遲策略和逃避策略，他們可能很難和教師互相認識，可能對教師的讚美無動於衷，可能很不想或不需要取悅教師。

第二，學生對學習有多少興趣，他們顯示了多少的初步動力，例如，自己搜尋資訊？學生可能會對學習沒興趣，而且無法了解學習的重點。

第三，學生的態度是正面的或負面的？前者會使學生對學習的挑戰有反應，後者會使學生沒有能力應付挑戰或挫折。

三、學習的結果

教師普遍將自尊視為動機的重大要素，這個假定會在本書第五章被重新審視。在動機模式中，自尊被視為是激勵的後果，代表的是學習結果。

四、動機心向

對於動機的探討，有一套因素常常被忽略掉。除了參考自我信念之外，在教師有關於學生動機的反思之中，他們很少詳細闡述「心向」。這可能是因為心向的概念超越了教師的直覺知識。這個被遺漏的成分就是心向——啟動自我激勵並受到其他驅力影響的自我層面。

圖 II-1 說明了上述四種成分之間的關係。

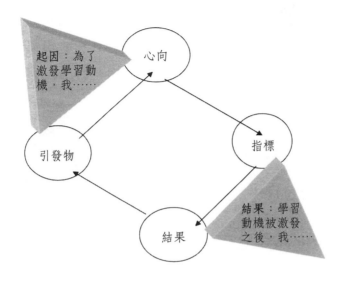

> ▶ 圖 II-1　動機的成分

　　第二篇的內容建立在這些直覺的描述語之上，並且對於引發學生動機的「超越直覺」心向，尋求更深度的理解。第三篇則討論學校和班級的驅力如何影響這些心向。

Chapter 4

對能力的概念、學業進步的解釋、學業成就的態度

1 對能力的概念

學生會建立對於自我的信念和假定，以理解自己的生活。這些關於自我的理論或通則為學生創造了意義架構，而這些架構詮釋事件的方式，會使某些學生在面對挫折和挑戰時容易受傷害，某些學生則堅強以對（Dweck, 2000; Hong et al., 1999）。

從學生的幼年開始，我們就鼓勵他們評鑑自己和別人的能力，學生於是建立起關於能力的概念。雖然看起來不明顯，但是學生往往以兩種方式之一來思考能力。有些學生將智能視為固定的特點，他們擁有的就是這麼多而且無法改變智能，這類學生抱持所謂的「實體」（entity）論，其對於能力的想法，與吾人認為車速受限於引擎馬力的想法如出一轍。相對地，有些學生則抱持「漸增」（incremental）的觀點，他們認為能力會透過努力而增加，而這個觀點能促進學生理解，在學業進步背後有許多因素存在。

上述這些關係也適用於物質生活和社會生活（Erdley and Dweck, 1993）。持人格實體論的人比持漸增論的人更關心自己在社會情境中

受到的批評，這導致他們更容易受到悲觀詮釋人際適應問題之傷害，並因此缺乏對社會互動的持續付出。智能對幼童而言不是關鍵問題，他們更關心的是好壞的概念，並且根據這些概念看待自己的錯誤和失敗（Dweck, 2000）。學生會試圖表現使自己成為好孩子或壞孩子的行為，即使是學齡前的幼童，對於自己的好壞也有具體的概念（Stipek, 1995）。

持實體論和漸增論的學生可能都了解能力的重要性，但是他們對能力的定義各有不同。持實體論者可能把任何學習任務都看成是對其整體智能的評量，甚至看成對整體自我價值的評量；而持漸增論者可能把相同的學習任務視為只是在評量目前的某些能力，亦即評量他們的自我效能或技能。

② 學業進步的解釋

一、歸因的力量

歸因是指我們對行為成因的推論。個體對於成敗原因的信念，是與成就相關（achievement-related）之行為的基礎（de Charms, 1968; Weiner, 1974; 1986; 1992）。對成功的原因之推理會強烈影響自我效能信念，而自我效能是個體對自己在特定任務上的能力評鑑（Bandura, 1989）。就產生任何影響而言，歸因的精確度並不重要。譬如股票市場的現象，股市的穩定取決於投資者感受到的信心因素，而非任何客觀的事實，吾人對外在世界的理解則歸結到主觀的觀點。

當學習情境十分新奇、相當意外、引起很大興趣或很重要，或者

32

學習得到負面的結果之時，我們更有可能進行「歸因的探索」（attribu-tional search），並且考慮造成結果的原因。我們也更有可能產生心智上的「行為重演」（action replay），以及深思失敗而非成功的原因。歸因提供了一扇窗，讓我們能觀察自己的偏見、預測未來的行為、整理所面對的問題，以及促進目標的形成（Dweck and Sorich, 1999）。

歸因的力量來自於歸因如何沿著四個面向做分類，亦即，控制信念、穩定度、廣度、控制力。

（一）控制信念

控制信念涉及某個原因是否被個人視為內控的或外控的，例如，能力和努力是內控的，而任務難度和運氣則是外控的。有些學生認為學業沒有進步是自己的錯（如「我的數學不好」──內控的），而有些學生則將其歸因到教師或其他環境因素（如「她不會教學」──外控的）。如果個體獲得成功並將其歸因為內在原因，他（她）就有可能體驗自我效能的增進，但任何歸因為內在因素的失敗，則可能造成有關某項技能的信念減弱。

（二）穩定度

穩定度的面向是指，事情的原因在所有情況之下和隨著時間過去，是否一直都是穩定的或不穩定的。有些學生會把失敗歸因到持久的原因（如「我永遠都不擅長藝術科目」），而有些學生則把原因看成是短期的（如「這個測驗很難」）。

（三）廣度

歸因的廣度，其範圍可從全面到特定。有些學生相信，任何失敗的原因都會逐漸損害他們所做的其他每件事情（如「我在學校的表現就是不好」──全面的），而有些學生則把原因限制在小範圍之內（如

「我就是學不會數學」──特定的）。

㈣控制力

這個面向涉及學生對原因的控制力有多少，以及原因與情緒連結的密切程度。當個體失敗的原因是由於可控制的因素時，個體會覺得有罪惡感。相對地，當失敗是由於類似技能低落等無法控制的因素所造成時，個體會更加覺得羞恥。譬如，欠缺努力而引起的罪惡感可因為被激勵而改善，然而類似自覺才能魯鈍而引起的羞恥感，則可能使學生覺得很氣餒。

雖然歸因的數目無窮盡，但這些歸因仍能依據上述面向分類，並能以圖 4-1 的矩陣作配置。

對控制的感受是其他三個面向的結果，內控的、穩定的歸因通常是可控制的，然而外在的、不穩定的原因解釋，則表示個體欠缺控制力。全面的歸因顯示個體的控制力較低，並且在自我效能的建立上，覺得自己能掌控事情是成敗的關鍵因素（Skinner, Wellborn and Connell, 1990）。

悲觀主義者往往根據內在的、穩定的、全面的原因來解釋失敗，以及根據外在的、不穩定的、特定的原因來解釋正面的事件。相反地，樂觀主義者認為負面的事件是由外在的、不穩定的、特定的原因所引起，而正面的事件是由於內在的、穩定的、全面的原因所引起，這些歸因方式會使其覺得，成功就在自己的掌控之中。

33 二、歸因如何形成

我們對於負面事件的歸因幾乎是自動產生的，但只稍微有所覺察。大約從九歲起，學生的偶發式歸因會穩定下來變成個人的風格（Nolen-

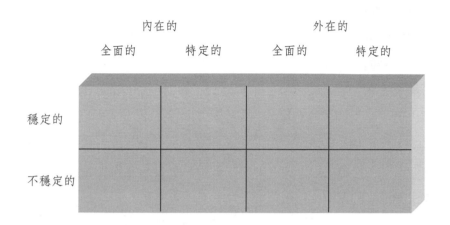

　内在的　　　　　　　　　　外在的

全面的　　　　特定的　　　　全面的　　　　特定的

穩定的

不穩定的

> ▷ 圖 4-1　關鍵的歸因面向

Hoeksema, Girgus and Seligman, 1986），使他們養成解釋事物的固定習慣（Shatte et al., 1999）。因此，教導學生找出歸因方式、幫助他們了解歸因的後果，以及鼓勵考慮解釋學業進步情形的其他方式，會有幫助（Craske, 1988）。

　　用來解釋我們為什麼成功或為什麼失敗的理由，不可勝數。成敗常常被歸因到之前的成就、部分的能力因素、努力程度、任務的困難度、運氣、他人的協助或阻礙、心情和健康、興趣、疲憊程度等。最常見的兩項歸因是能力和努力（Weiner, 1974）。教師和學生總是自問：學生的課業失敗，是因為他（她）不夠努力或能力不足？

　　情境的和個人的因素，都會影響對成功或失敗之原因的感受。情境的因素包括了關於任務的資訊，尤其是任務的困難度、社會規範、教師回饋；個人的因素包括了先前對學習的信念和學生的自我概念，尤其是對自己能力的想法和對成功的期望。

(一)學生對能力的概念

在詮釋事件方面，個體對能力的概念會導致某些學生面對挫折和挑戰時易受傷害，或者很堅強。在理解學業進步方面，持實體論的學生可能會聚焦在固定的能力上，並因此根據能力不足而非努力不足來解釋失敗。相對地，持漸增論的學生認為能力可透過努力而增進，因此他們可能更屬於精熟能力導向，更可能將成敗歸因於努力，而當面臨失敗時，他們會透過更加努力或採取補救行動來尋求改進。

(二)學生對成功的期望

學生如何回應成敗結果，將視其對結果的價值認定和對達成結果的期望而定（Wigfield, 1984）。期望（expectancy）是指對於可能的成功之預測，但學生本身不必然是成功的原因，因此，它不同於自我效能——後者反映的是個體相信自己能夠成功的程度。這些要素——期望、學生對於能力和價值的感受，決定了動機的程度。特定行為的動機力量於是同時仰賴結果的價值和期望達成結果的程度，只有當兩者同時都是正面的時，我們才可以說動機存在。圖 4-2 顯示了這兩個面向。

34

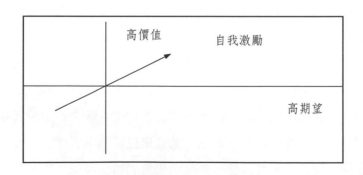

圖 4-2　兩面向的動機模式

學業成就的態度

一、引言

本節描述學業成就的態度，此種態度會形成一套信念，導致學生以特定方式參與學習情境並做出反應。以下將摘要追求學業成就的兩種主要態度，以及兩種避免失敗的風格。

除了有特定目標之外，學生也持有學業成就的態度，這些態度是從不同情境所通則化的、類似人格的風格，會影響到學生如何參與學習情境及做出反應（Duda, 1992; Dweck, 1988）。就像學生進入新的班級會有坐到特定位子、坐到後面、坐到前面或坐到中間排的傾向，學生也以不同方式參與學習情境。有些學生可能將學習情境視為對其能力的測驗，而有些學生則將學習情境視為學習的機會。學生對成就的態度是兩種主要能力動機的認知式表達，亦即，追求成就的需求和避免失敗的需求。

二、追求成就的需求──精熟能力和表現能力的態度

追求成就的行為，若非導向能力的發展就是導向能力的表現。有些學生對成就採取精熟能力（或學習或自我改進）的態度（譯註：以下簡稱精熟型態度）。而教師通常要孩童努力以赴的這項態度，主要目標就是學習和增加技能。精熟型（mastery）學生對成功的定義與其學業進步有關，他們往往有自信、樂觀，而且為自己完成的任務尋求回饋，以利持續改善。因為把失敗看成是學習的必要部分，他們認為努力能導向成功，並且很能克服失敗。

相對地，表現能力型（performance）（有時被稱為競爭的或自我推動的；譯註：以下簡稱表現型）心向，代表聚焦在相關的能力上，以及這些能力將如何評價。其主要目標是表現良好以顯現特定的能力。有這種心向的學生關心自己的能力，並試著顯示自己比他人更聰明，他們所定義的成功通常是與他人的學業進步相比。對表現型學生而言，有能力，意味著會做得比別人好，或者能以少量的努力獲得成功，而犯錯則暗示能力低落。

35　　　精熟型學生被激勵要達到最佳表現，而表現型學生則被激勵要成為表現最佳的學生。舉例而言，表現型心向包括：當被告知其他人正在做什麼時，這類學生總是想要比別人略勝一籌，以勝過其他所有人。表現型目標是看起來表現得很聰明，而精熟型目標則是變得更聰明；表現型目標關心能力的評量，而精熟型目標則重視精熟新的技能。

　　在大多數方面，教師都偏好精熟學習，其特徵是關切學生在所有學科都達到精熟，而非關切學生能表現得比其他人更好。精熟通常會導致樂觀的態度、正面的情緒、高度專心學習、更努力、更有毅力。對精熟型心向很重要的是，相信學習的結果依努力而定，而正是這個信念導致更大的學習毅力。相對地，表現型心向會導致悲觀的態度、更不專心學習、放棄努力，以及無法堅持不懈地學習。

　　表現型目標旨在證實能力，此目標吸引了那些覺得需要持續證明自己價值的學生，而精熟型目標旨在尋求成長。意在證實能力的學生，往往在成功時覺得「開心」，在失敗時覺得「沮喪」（Baldwin and Sinclair, 1996）。

　　精熟型和表現型心向並非連續線上的相對兩端，或者彼此互斥。這兩者都是獨立的面向，代表努力達成目標的不同形式。因此，兩者

都可能有高有低，或者有不同的高低組合。這兩類目標是自然產生的和必需的，因此兩者的組合可能會增強動機（Barron and Harackiewicz, 2000）。

　　努力表現得比他人更好與試圖達到任務的精熟度，並無不一致。採納兩種目標的學生可能占優勢的地方是，各個目標都可能彌補另一個目標的缺點。精熟型目標促進對學習任務的投入，以使表現型學生聚焦在他們的學習上。表現型目標可以幫助精熟型學生專注於需要完成的任務，並且防止他們迷失在自己的學習之中。

　　成功的男、女運動員在競賽時必須維持表現型心向，不能視失敗為技巧或潛能的反映而容許失敗；但在訓練時，他們會變成精熟導向，會從所犯的錯誤中學習，也會努力尋求改進的方法。

　　但是表現型態度存在著兩個問題。首先，證明自己能力的態度會過度占上風，而將學習目標強行擠出。其次，雖然伴隨精熟型態度存在的表現型態度是有利的，但當它伴隨的是自覺能力低落的態度時，就會有問題。

㈠過度努力

　　過度努力，反映了想成功和想避免失敗之間的緊張欲望。過度努力的學生會擔心，自己的實際聰明程度（及價值）不符合所表現的優秀成績。以正常方式追求卓越不代表會得到完美結果，它是被動機驅動的，而且令人總是不滿意自己及自己的成就。由於成功終究會變成無法忍受的負荷，過度努力者常常出於利己而太過有效能（Covington and Omelich, 1987）。在成功之後提高自我期許是合理的反應，但是對完美主義者而言，眼界設得愈來愈高變成了一種強迫的行為模式。由於其目標是達到完美，過度努力者無法調整自我需求，結果導致難以

瀟灑面對失敗，也無法自我原諒。男女專業運動員服用加強表現藥物的人數之多，即可證明這種過度努力的態度有多強烈。

㈡面對失敗的後果

採取表現型態度，會傾向於把能力低落視為任何失敗的主因。這類學生往往認為，愈是努力，自己所具有的能力就愈少，這種想法使他們避免付出努力以維持自我價值。既有表現型態度又認定自己能力固定的學生，則傾向於視失敗為能力的檢驗，而且常常懼怕失敗。由於認為困難的任務會導致失敗，進而引發負面的反應，因此他們會輕易放棄努力。這類學生會自我批評，認為失敗是無可避免的，他們不相信自己的能力，經常很悲觀，很在意自己的形象（Roeser, Midgley and Urdan, 1996）。另外，他們可能覺得自己必須不計代價取得成功，因此更有可能作弊。

精熟型學生更可能看出努力和進步之間的連結，然後更把失敗歸因於努力程度。對他們而言，成功會導致驕傲和滿足，失敗則導致罪惡感，這種感受來自強調行為可控制性的歸因。認為能力可被發展的學生，更有可能以精熟型態度面對失敗，他們視困難為挑戰，善於因應遇到的阻礙，而且不會輕易放棄。

三、懼怕失敗

認為不專心學習的學生缺乏學習動機，是一種錯誤的假定。相反地，有些學生可能學習動機很高，但其目的在避免失敗而非求取成功（Elliot and Church, 1977）。有些學生努力求取成功，卻不擔心失敗；有些學生想要避免失敗的欲望，勝過追求成功。

學業成就背後的主要驅力之一是情緒上的期待。一方面，追求成

功的學生期望從自己的成就獲得驕傲感，這種感受驅使他們尋求更進一步的成功。另一方面，懼怕失敗的學生傾向於害怕更進一步的羞辱。因此，懼怕可能是學習動機的最大阻礙。

　　自我概念包含「此時我是誰」的想法，也包含「未來可能的我」之想法（Markus and Ruvolo, 1989）。這些概念包括了「理想」我、「應然」我（都是趨向的目標），以及「懼怕的」我（逃避的目標）。有些人更傾向於逃避，有些人則更傾向於追求，這些傾向都會導致個人福祉上的差異（Elliot and Harackiewicz, 1996; Higgins and Silberman, 1998）。

　　真實我和理想我之間的差距會引發進取心，亦即，邁向理想目標以減少差距的行動（Higgins, 1987）。在這類目標達成之後，個體會覺得洋洋得意；如果目標沒有達到，個體的感受則是垂頭喪氣（Higgins, 1989）。進取心帶來挑戰，但其任務很明確，因為你只需要找出達成目標的正確途徑，然後採取行動。學生會因為教師的勉勵而產生進取心，例如，鼓勵學生創作隱喻來表達自己是有能力的人，或要求學生選出一位崇拜的英雄作為楷模，然後鼓勵他們在做任何事之前先想想心目中的英雄會怎麼做。

　　真實我和應然我之間的任何不符之處，會促使個體從排斥轉為接受預設的價值（Higgins, 1987）。「應然」我反映了責任感，這種自我觀令人有被迫如此的感覺，而非或許想如此表現，其主要動機在避免他人的不贊同，以及遠離不想具備的自我概念。在這類目標達到之後，個體會覺得如釋重負，如果目標未達成，則會有惱怒感（Higgins, 1989）。惱怒感是一種感受，能驅動某些教師的行為表現。受到逃避目標所支配的學生（和教師），必須預防所有可能發生在他們身上及

後來會導致吃苦頭的問題（Pintrich and Schunk, 1996）。

以上這些因素的互動關係說明見圖 4-3。

懼怕失敗的力量強過其成就動機之學生，會偏好簡單的或非常困難的學習任務。他們當然會成功完成簡單的任務，但也會把由於任務困難所導致的失敗合理化。因此，教師可透過給予有限的選擇，預防這類學生選取過度困難的任務。

成就動機高的學生，可能在成功之後會想要轉換到更困難的任務，失敗之後會想要退回到更簡單的任務。但是具備另一種行事風格的學生，則可能在未通過他們起初認為簡單的任務之後，會想要轉換到更困難的任務。

學生在高努力、高失敗的結合情況之下，會有最大的羞辱感；而在低努力、低失敗的情況之下，其羞辱感最小。再三嘗試仍舊失敗，

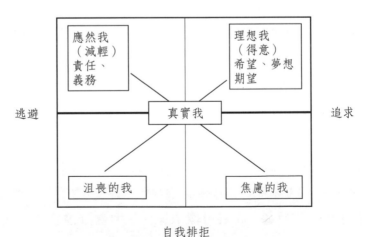

▶ 圖 4-3　不同的自我

會對學生的自我價值產生嚴重威脅，但是教師卻總是酬賞嘗試的學生，處罰不嘗試的學生。對許多學生而言，努力會成為「雙刃劍」，因為他們必須在付出努力以取悅教師和毫不努力以保護自我價值之間，求取平衡（Covington and Omelich, 1979）。

對某些學生而言，嘗試努力，會有風險，因為努力以赴卻還是失敗，即暗示自己的能力低落（Kun, 1977）。不做，就無從檢討失敗。逼迫這類學生在面對失敗時更努力嘗試，會引起更進一步的抗拒，教師可藉由酬賞努力的學生和處罰不努力的學生，來鼓勵學生追求成就。但是，對某些學生而言，最重要的事情不是從教師那裡獲得酬賞，而是找出方法來避免付出努力太多卻失敗的風險。對某些學生而言，這是拒絕學習目標的主要促因，並且使他們以干擾教學、霸凌或逃課作為掩飾。

㈠無助感

經過一段時間的學習之後，如果發現自己對事情毫無控制力，嚴重懼怕失敗的學生可能會發展出無助的行為反應（Diene and Dweck, 1980; Peterson, Maier and Seligman, 1993）。他們認為自己的努力和目標達成之間沒有任何關聯，於是變得認定自己毫無能力。這種習得的無助感（learned helplessness）反映學生失去了希望，其伴隨而來的是認為無論個人如何努力，失敗都是無可避免的（Coyne and Lazarus, 1980）。這種習得的無助感是憂鬱症的主要癥狀，其特徵是，認為自己對生活的世界和未來都欠缺控制力（Abramson, Metalsky and Alloy, 1989）。

38

習得的無助感來自於個體傾向把無法成功歸因為欠缺可控制的能力。如果學習變得困難，學生會放棄學習而不是更努力嘗試，而教師

試圖提供的幫助，可能被認為只是確認學生欠缺能力。一旦形成習得的無助感，無助的模式就很難打破，因為這類學生也傾向於把事情過度同化，然後納入自認無助的看法之中。

　　樂觀者以做計畫或尋求協助的方式積極面對挫折，有無助感的學生則認為問題起因於長期存在的個人缺點，因此認定自己無計可施，故而什麼也不做（Seligman et al., 1995）。

㈡自我保護

　　若學習表現低落所反映的是低能力，就會產生高威脅的情況。有些學生在情勢緩和到能把失敗歸因為個人能力以外的因素之後，會由於威脅已消除而表現較佳（Thompson, 1999）。如果他們預期學習表現低落會被歸因為個人的能力，而且沒有任何藉口可讓他們「脫身」時，對自我價值的保護會支配某些學生的行為（Covington, 1992）。相對於對過去表現的回溯歸因會導致習得的無助感，這類預期的歸因會促發個體努力，在妄自尊大或妄自菲薄的學生之中可能最常看到這類自我保護的行為（見第五章）。

　　對於在學業成就評量情境下被評量的學習品質，學生會有相當不同的看法（Molden and Dweck, 2000）。對某些學生而言，這些品質對於自我有比別人更深的意義存在。有些學生認為，評量任務（例如公開演說或公開演奏樂器）評量的是基礎的、整體的，以及長期的能力；但有些學生則認為，那只是評量可習得之特定技能的目前程度。這類看法來自於認定學業成就評量所評量的是個人的整體固定能力，而學習表現對個人的自我價值有其含意，因為如果某個學生認為，實作表現任務僅代表他們目前在某項可習得技能上的進步程度，就不會讓自己處在這麼大的壓力之下。

　　對自我價值的保護，有助於說明一些不同的策略，其中最常見的是，中止努力以避免學習表現低落的負面影響。這很可能是學生表現出挑戰任何申誡的敵對行為，或者很難接受讚美之原因。另一個例子是「自我失能」（self-handicapping）（Higgins, Snyder and Berglas, 1990; Zuckerman, Kieffery and Knee, 1998），例如，有些學生在考試的前一晚喝醉酒，或者把手插在褲袋裡玩足球。失能的目的在模糊學習表現低落和能力之間的連結，俾使任何人都很難將其原因推斷為能力太差。就此意義而言，教師休息室出現的挖苦之言有時是類似的煙霧彈，挑剔者的目的在免於自暴能力有限。

　　拖延是另一種保護自我價值的方式，並且與完美主義的態度相連結（Burka and Yuen, 1983; Ferrari, Johnson and McCown, 1995）。研究發現，對拖延的學生而言，學習過程常常進行評量，會比經常給予家庭作業更能改善學生的學業成就，因為它們創造了學習所需要的一般動機（Tuckman, 1995）。使學生持極低期望又擔心最糟的夢魘即將成真的防衛型悲觀主義，則是另一種保護自我價值的方式。

　　保護自我價值的行為可能較常見於男生，而學習的無助感則較常見於女生（Ruble et al., 1993）。「不在乎落後」（couldn't care less front）的態度可能在男孩之間很常見，這些學生認為，如果自己在乎的話，就可能會成功。女生更有可能做出悲觀的歸因，她們把失敗視為證明自己能力低落，然後放棄嘗試。因為展現能力對男生而言更重要，當他們的能力被懷疑時，會提出更多的藉口。

　　學業成就的四種態度見圖 4-4 之描繪，其中，這類態度係由「懼怕失敗對尋求成功」，以及「自我肯定對與他人比較自我」架構而成。

　　表 4-1 詳細比較四種學業成就的態度，該表格提供了比較分析工

39

自我肯定

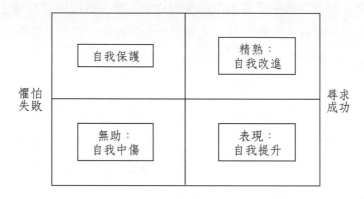

懼怕
失敗

自我保護

精熟：
自我改進

尋求
成功

無助：
自我中傷

表現：
自我提升

與他人比較自我

▶ 圖 4-4　學業成就的態度㈠

具，可用來對比學生對於不同策略的反應，例如讚美、酬賞、懲罰、
各式評鑑。

40

四、學業成就的態度來自何處

有許多因素能形成學生學業成就的態度，包括家長的信念（Ames
and Archer, 1987）和學生的課堂學習經驗（Ames, 1992; Ames and Arch-
er, 1988）。其中特別重要的是，學生對自己能力的態度和他們的成敗
經驗。

㈠對能力的態度

視能力為實體的想法，傾向於產生表現能力的目標。當能力被視
為固定的，學生會擔心他們所要表現的能力，會傾向於聚焦在學習的
表現上，而非對自己的智能做出正確判斷。持實體論的學生也會聚焦

▶表 4-1　學業成就的態度㈡

精熟型	表現型	自我保護	無助感
想要更聰明	看起來更聰明	避免看來很笨	已經放棄自己
試著盡力	成為最優者	假裝不在乎	避免更大的羞辱
相信能力可改變	能力是固定的	能力是固定的	能力是固定的
對自己的能力有信心	不確定自己的能力	敏於保護自己的能力	認定自己的能力最差
努力就會更聰明	努力的效果有限	努力無用	失敗無可避免
學習是改進的機會	學習即測試能力	學習會構成威脅	自己無法勝任學習
以自己的方式評量進步	比他人優秀	比他人優秀	避免失敗
覺得自在、能主宰	自覺做不到就會焦慮	歸因到運氣很背	命該如此
失敗是學習的一部分	不計一切避免失敗	如果去嘗試就會成功	失敗無可避免
有彈性	表現得和上次一樣	自認會失敗就放棄	選擇退出
追求卓越	可能是完美主義者	會拖延和找藉口	不投入學習
設定個人目標	設定有競爭力的目標	設定輕易的目標	沒有目標
評分代表結果	評分就是評分	評分就是評分	達不到評分要求
自評很嚴格	自評時會作弊	自評時會作弊	會拒絕自評
喜歡很有收穫的學習	偏好能成功的學習	偏好簡單的任務	困難的任務有助於把失敗合理化
必要時會求助	受助是改進的機會	受助就可得到答案	受助即自認能力最差
批評為改進的方式	批評即是挑戰	批評都是不正確的	期望被批評
喜歡被讚美	喜愛被公開讚美	想被讚美	很難接受讚美，擔心必須受之無愧

在其固定的能力上，然後就欠缺能力而非努力不足來解釋其失敗，因此使自己容易遭受失敗。像這樣把焦點放在表現能力的目標，會導致在面對挫折時缺乏毅力。在學習情境和社會情境中，把失敗或受挫歸

41

咎到自己能力的學生會傾向於放棄，以避免更多的挫折。相對地，當學生認為能力是漸增的，就會傾向於聚焦在學習上。

進到課堂學習時認為自己能力固定的學生，會注意對其智能的正面評價。此目標會使他們對學習失敗的暗示特別敏感，導致把任何的挫折都視為失敗，並且將這些問題歸因為自己欠缺能力。這不僅轉而啟動負面感受和能力表現低落的循環，也往往使學生採用防衛的策略，例如，逃離這些情況或只盡最小程度的努力。相對地，認為能力漸增發展的學生，比較可能聚焦在學習任務上，他們展現更大的學習投入程度，也比較沒有把學習視為測試個人價值的成見。

㈡對成敗的解釋

尋求成功與逃避失敗的學生，對他們自己的成敗各有不同解釋。和尋求成功者所連結之正面的、向上的歸因模式，傾向於相信自己可以處理大部分的學業挑戰，並且將成功歸因為能力和努力的結合，將失敗歸因為努力不足。成功會帶來對能力的信心，而失敗則表示需要更加努力。這類學生不畏懼失敗，因為失敗不能反映出他們的能力，因此，失敗的經驗可以激發已有成功經驗的學生。

逃避失敗的學生，傾向於把失敗歸因於能力不足，並且把成功歸因為運氣或任務很簡單之類的外在因素。他們會為了失敗而責怪自己，卻很少或甚至沒有把成功歸功於自己。他們因為失敗而意志消沉，原因是覺得自己無法改正情況。對他們而言，任何一次的成功只是暗示下次有義務要表現良好，若發現自己有可能成功，他們甚至會蓄意搞砸自己的努力。學生的逃避失敗動機，其形成有一部分是因為失敗經驗所造成的焦慮程度，通常女生比男生更可能做出負面的、傾向失敗的歸因（Ruble et al., 1993）。

㈢教養方式

某幾種家長教養方式尤其會影響學生對學業成就的態度（Ames and Archer, 1987; Goodnow and Collins, 1990; Gottfried, 1994; Jacobs and Eccles, 2000）。即使在一歲大的早期階段，安全的依附關係和受支持的自律行為，會導致兒童養成精熟型態度。

對學習的看法方面，家長顯現出個別差異，而且其觀點是由家長對子女所設定的學業成就目標所形塑。此差異在於家長究竟優先要求子女做個成功的學習者或用功的學習者。大多數父母要子女又成功又用功，但是有些父母對常模標準的強調更甚其他，對於孩子的進步，這類父母只對以常模為根據的回饋有興趣。對學業成就持表現型態度的家長，會從成功的可能性來評價學校學習的價值，並且偏好避免那些對其子女有挑戰性的學習任務。

子女重視努力的程度，端賴家長對學業成就的態度而定。表現導向的家長會更強調能力；精熟導向的家長則更關心其子女在學習上的努力和積極參與，他們更喜見自己的子女非常努力，而且更可能把子女的成功歸因於努力。

精熟導向的父母期望子女能達到成功，從子女年幼時，就鼓勵他們嘗試新的事物、探索選擇的機會，以及練習獨立。這類父母也給予子女大量的教養，以利孩子能習得獨立自主所需要的技能（Baumrind, 1991）。他們傾向酬賞子女值得讚美的成就，並且忽略其令人失望的表現。

逃避失敗型的父母，往往對子女的失敗會做出不良反應，他們視失敗為不可接受之事並隨後施以處罰，但卻對於子女的成功只稍微讚美或冷漠以對。另一種有破壞力的反應是賞罰不一致——傾向於有時

42

處罰失敗、有時忽略失敗或甚至酬賞很差的學習表現（Kohlmann, Schumacher and Streit, 1988）。這些無可預測的賞罰會衍生出習得的無助感。

更無益的教養方式涉及過度要求子女表現卓越，卻只提供有限的支持（Davids and Hainsworth, 1967）。未考慮延後入學，毫不遲疑就讓幼小未成熟的子女就學之父母，就是此種態度的例證。若父母要求過度，孩子會無助地維持虛假的高目標，可是卻無法達到目標。這些父母要求卓越的表現，並且運用心智工具來教養子女，但竟以對失敗施以處罰的方式來壓迫子女，如此一來，他們使孩子養成自我保護或過度努力的態度。再者，這類不實際的父母期望會造成子女的拖延行為，進而養成其標準的完美主義態度。

43

Chapter 5

真實的「愉悅」因素：目標達成方面的自我效能

本章提出的問題是「自尊是什麼？」筆者將比較有正面自尊和有負面自尊的學生，並且討論有連帶關係的高自尊問題。此討論反映了「自尊」令人費解的特性，以及我們的誤解會導致什麼結果。其次探討最重要的「愉悅」因素，亦即，達成目標的自我效能。這些討論檢視動機心向如何一起運作，最後則探討自尊所扮演的角色，以及其和促進學習動機的心向之連結。

●●●● ●

1 自尊是什麼？

自尊受到的注意可能比其他心理學的概念更多，而且是少數公認的普通心理學術語。但是，自尊是什麼？它在促進學習動機方面的角色是什麼？

自尊是指，視自己達到「很不錯」程度的整體看法，該看法端賴用以判別「不錯」的標準而定。因此，自尊不只是自我評價的總和，自尊形塑這些評價，並且影響對自我實際情況的詮釋方式。

自尊被認為是對自我的態度（Rosenberg, 1965）。如同所有的心理態度，自尊有認知的部分也有情意的部分，但是，自尊常常被認為，它基本上是以對自己的感受為依據（Brown, 1993）。

雖然自尊常被誤認為自我效能，但它不同於效能的概念，自我效能是對特定方面的能力之評價，是更帶有情感的廣泛個人價值評價，而不是對發展某種技能的能力評價。也許另一個理解兩者差異的方式

是，自我效能是自尊的重要部分，是限定在某些能力方面的自尊形式。

自尊的形成包含兩種主要方式。首先是透過成功達成期望的勝算比率（James, 1950）。如果自認在渴望表現良好的領域能夠勝任，例如在生涯方面或更特定的某種運動方面，我們更可能產生高自尊。相反地，如果在想要勝任的領域無法達成理想目標，我們可能會產生低自尊。在對自我並不重要的領域缺乏能力，可能不會對自尊造成負面影響。

其次，自尊受到部分的社會因素影響，其形成主要來自於和他人互動之結果。我們對自我價值的評價，係根據自己對他人眼中之我的評價（Cooley, 1902）。此種自我的建構係透過社會之鏡，以發現重要他人（significant others）對我們的自我之看法，如果他們對該自我有高度的尊重，我們的自尊應該就會高一些。

一、自尊如何發展

想當然耳，幼童所理解的自尊是根據具體的描述特徵（Stipek, Rechia and McLintic, 1992）。四到七歲大的幼童傾向於誇大他們對適當行為的理解，因為他們無法應用社會比較來評價自己，而且父母通常會對他們的行為表現不斷提供回饋。在兒童中期，有一些出於幻想而將理想自我誤認為真實自我的情形，會被社會比較的結果取代，而且在更正確的自我評價方面會出現正、負面兼具的自我評價。這時，學生已經採納了人我之間有差異和誰是「最優者」的文化成見。例如，大多數學生可以就全班同學的能力做出正確排序。

大約七、八歲時，學生開始以前所未有的方式來比較自己和同學的差異。這時他們已經形成的內在模式，不只針對生命中的重要他人，

也包括了自己。他們透過比較自己和他人的不同，而學習關於自己的事物，他們和這些被比較者屬於相同的社會層級，是「與我相似」的他人。

　　大約在這個年紀，除了對自我價值有更廣的概念之外，學生會發展出特定領域的自我能力評鑑方式。據發現，最重要的領域是學業能力、運動能力、社會接納，以及外表與行為（Harter, 1983）。學生把學業能力和行為評價為父母認為最重要的能力，把社會接納、外表、運動能力等，評價為同學認為最重要的能力。外表及社會接納則被認為是一生當中影響自尊最重要的因素，學業能力和運動能力則是第三重要。

　　青少年對自我的描述則包括三個更進一步的領域，那就是，親密的友誼、浪漫的外表和工作能力（Harter, 1983）。青少年的主要任務是形成持久一致的自我認同，這種認同會為成人期的生活提供基礎。在青少年期，想要評鑑重要他人和一般社會生活的傾向，會產生自我批評和不穩定的自尊。又由於正處在自尊可能降到低層次的時期，而且憂鬱和焦慮甚至可能導致自殺的想法，建立自我認同是青少年必要的關鍵任務。其中最有挑戰的任務之一是，把外表的自我整合到新產生的自我認同之中（Biddle, Fox and Boucher, 2000）。身體的形象和動作姿勢對建立自我認同非常重要，因為在與外在世界的互動方面，這些代表了自我的公開表達（Biddle, 1977）。

　　在青少年期，隨著個人自我形象的增加，自尊會愈來愈重要。自尊變得更脆弱、更受同儕認可的影響，也更重要，不過，它的確會隨著青少年期的過程而發展（Hart, Fegley and Brengelman, 1993）。雖然青少年向父母爭取自主權，他們仍舊想要和父母保持關係，因此父母

的支持還是很重要。

大多數年輕人都有穩定的自尊，但有些人會有不穩定的變動（Kernis and Waschull, 1996）。喪失自尊會導致憤怒、敵意，以及其他負面情緒。自尊不是一輩子都固定的，環境的重大改變可能會改變學生對自己的看法。在生活產生轉換時，改變最有可能發生，例如，從小學升到中學就讀或從高中升到大學。考慮到必須精熟的發展任務、個人用來與自我比較的新群體，以及被認為重要的新領域，在這類轉換時期，更有可能重新評價自尊，因為轉換會改變個人對自我能力的看法。

二、正、負面的自尊

我們常常假定，自尊低的學生會認為自己不可愛又很沒出息。雖然少數人可能憎恨自己，但其人數極少（Baumeister, 1993）。有正面自尊的學生對自己會有正面的看法，但是自尊低的人卻未必相反。正面的自尊是對自我的無條件感受，這種感受並不依賴自認有某些特定素質，或者必須經過某些人的認可而產生。但是有正面自尊的學生的確認為自己擅長大多數事情，他們想要別人承認他們的素質，也想要有所成就。

45 自尊低的學生並不是可悲的自我憎恨者，而是對自己相當不確定──對自己的看法中立或模稜兩可。只有在對照高自尊學生以討喜方式描述自我時，這些學生才顯得自尊較低。低自尊宜被視為對自我欠缺正面的看法，而非表現出負面的看法（Baumeister, 1993）。

要理解自尊所扮演的角色，必須考慮到穩定性和程度（Keegan et al., 1995）。帶有極大情緒困擾的低自尊學生，其自尊低又不穩定（Keegan et al., 1995）。研究發現，個體在幼兒期得到父母和教師大量

無關的和（或）有控制力的回饋，會加重不穩定的自尊（Kernis and Waschull, 1996）。

　　相對於自尊有低有高的看法，以負面到正面的連續線來思考自尊的意義，可能是最有用的方式。本書整個內容都會採納連續線的看法。

三、自我增進和保護

　　在對回饋的反應方面，有正面自尊和有負面自尊的學生之間的差異很小。由於每個人都喜歡成功、喜歡被認可，不喜歡失敗、不喜歡被拒絕，因此，其差異在於：有正面自尊的學生更關心自我增進，而有負面自尊的學生則更注意自我保護。有正面自尊的學生會以自我提升的方式表現其行為（Swann, 1996）。自尊低的學生由於畏懼失敗勝過渴望成功，而導致行為小心翼翼，因此，其自我保護的傾向使他們偏好低風險的安全環境。經由對自己的負面評價，學生可以減少任何外在負面評價、被拒絕，或者失敗所造成的損害（Epstein, 1992）。類似的過程也會驅動那些把許多個人資源投資到生命財產保險的人，這樣雖然降低生活品質卻得到更大的安全。

　　有負面自尊的學生，對於自己的角色欠缺清晰一致的理解；對於自己像誰，他們的信念比其他人更模糊。這導致他們會受到某些事件擺佈，而這些事件造成其自我概念一天天改變（Kernis et al., 1995）。有正面自尊的學生會利用其廣泛的自我認識，更有效地管理自己的生活，他們會強調自己的優點並且尋求培養自己的機會，因此能夠出人頭地。在幾個領域都有成功的經驗，有助於他們發展更複雜的自我。

　　有負面自尊的學生似乎會注意補救自己的缺點，以利達到可通過的表現水準，使自己免於更令人覺得羞辱的失敗。就像那些把大衣風

帽留在教室、堅持圍著圍巾，或者無法回應讚美的學生一樣，這類學生通常會注意保護自己的「私下」自尊，但是自我增進者更關心加強其「公開」自尊。堅持要求學生取下圍巾的老師，無法了解此行為有多大的侵犯程度。重要的是能了解，即使學生採用類似放棄努力、欺騙或拖延的自求失敗策略，他們的目的只是想要保護自己的自尊（Raffini, 1993）。

若欠缺堅定的自我認識，有負面自尊的學生可能會落入不同的陷阱之中，例如，設定不當的目標、一開始就做很難達成的事或簡單到不值得做的事。這種不確定性會導致他們被回饋的結果所擺佈。相對地，有正面自尊的學生會忽略批評，因為他們確信這些批評並未正確描述自己。

當學生無法把自身缺點的嚴重性降低到最小程度時，他們會陷入負面自尊的陷阱之中。通常，學生會運用偏見和辯護，以有利自己的方式來詮釋事件，以支持比較偏好的自我看法（Taylor, 1990）。這些正面的幻想是自我調整的必要部分。但是，有負面自尊的學生似乎缺乏這些利己的曲解，並且偏好以精確的方式看待自己，以利保護自己免於損失和失望。畢竟，我們的感受會和想法一致。

有負面自尊的學生甚至可能喜好負面的回饋，以利肯定自己目前的自尊層次。大多數人會尋求自我證明，而且，即使不太重視自己，也會想要獲得資訊以證實他們所認為的自己。人們有這樣的行為，是為了得到偏好的回饋。討人喜歡的回饋方式，可能會引發受回饋者渴望受尊重和質疑、不信任之間的衝突，後者混和了對接受正面自我形象之風險的不情願心態。因此，負面的自尊會變成自我阻礙。

四、多變式自尊

多變式自尊（contingent self-esteem）不同於負面的自尊。接納的限度（conditionality of acceptance）是指，學生覺得只有符合某種標準才有可能接納的程度。這和無條件的正面尊重是相對的，因為後者是指孩童被評價的依據是他（她）的本質，而非是否實現他人的期望（Rogers, 1961）。即使帶有相當高程度的支持，有條件的接納會逐漸損害人的自尊，因為它不代表對自我的認可，而是具體指出個體必須如何表現以利得到評價（Kamins and Dweck, 2000）。因此，有條件的接納給人的感受是控制而非肯定。

對某些學生而言，他們的自尊感仰賴他人的認可。多變式自尊的極端例子可見於經常說抱歉、總是問「這樣好嗎」，或者總是迎合他人的人。有些學生的自我價值感則已經內化，他們的自尊感並不依賴別人，而也許這類的自主性正是「真正的」自尊之基礎。真正的自尊和不安全感、防衛式自戀之間的差異，必須加以區別（Rogers, 1961）。多變式自尊依賴遵守某些有控制力的標準，例如，父母的期望或與兄姊比較（Burhans and Dweck, 1995）。的確，考慮到許多人際關係均帶有條件，也許由這更脆弱的多變式自尊所產生的高低起伏很常見，而擁有真正穩定自尊的則是少數人。穩定的自尊就像穩固的論據，可以抵擋攻擊和批評。有真正自尊的人比較不受失敗、批評、拒絕的延阻，也更能接納自己和他人。

引起多變式低自尊的不正確信念毫無價值可言，因為這種感受通常是由持續的不認可，或者過早的拒絕所引起。此種不正確的信念是根據有問題的假定而來，那就是，自我價值是一種全有或全無的特徵

（Burns, 1993）。人都有長處和短處，特定的能力或多或少都有價值，但是個體則不應該被認為如此。

教師和學校可能會透過一些方法來增強學生的多變式自尊，例如，設計只有成功通過才會被評價的競爭情境，或者強調學業成就才是主要的或單一的標準。就學校而言，培養高成就學生的壓力愈大，教師就變得愈講求有條件的施教。不斷指向學生整個人而非單一學習或特定行為的回饋方式，其暗示的是有條件的注意，因為這類回饋涉及類似「你的拼字能力很糟」或「你是害群之馬」的個人化標籤。即使失敗的情況很具體，具有多變式自尊的學生，可能會對整個自我價值做出負面的結論，然後沉浸在完全的自責之中。

多變式自尊會導致學生在盡責達成學習結果方面，表現出自我本位的態度（Ryan, 1982），然後在日常學校活動上傾向於太講求自尊。多變式自尊往往和某種自戀有關，這種自戀使個體在涉及自己的議題上甚為熱衷。對某些學生而言，他們的自尊是珍貴易碎的物品，此一脆弱特性使他們成為非常棘手的人。多變式自尊常常會引起與他人比較的行為，因為，就必須遵守他人標準而言，個體可能會從如何比較人我差異的角度來了解情況。

47 **五、高自尊是好事嗎？**

在教育上、在整個社會流傳久遠的某個假定是，低自尊是低成就、不滿，以及反社會行為的最重要成因之一。雖然，研究發現低自尊對於個體所遇到的困難是風險因素，例如自殺、憂鬱症、青少年懷孕、成為受害者等，但只有極少的證據證實它是低學業成就的風險因素（Baumeister, Smart and Boden, 1996）。高自尊是社會資產也是個人權

利之想法，對教育一直有重大影響，而且導致自助類手冊書的大量出版（Emler, 2001）。上述想法也導致人們普遍認為，學校的重要功能應該是維持所有學生的高自尊，以及採取步驟激發低成就學生或問題學生的自尊。有些人認為，近年來青少年的憂鬱症病例增加，其部分原因是「自尊運動」的興起，因為它向青少年宣導，有自尊就足以獲得成功，然而在無法成功時，青少年就受到挫折（Rayner and Montague, 2000）。

高自尊可能是我們想要的，對個人而言其大多數益處會逐漸增加，但相對卻可能對其他人造成某些問題（Swann, 1996）。高自尊一詞已被賦予正面的含意，然而許多同義詞的含意則更混淆，包括自負、表現自我、欺騙、炫耀、自以為是、自戀、妄自尊大等。如同愛爾蘭諺語的警告：「酒杯斟滿時，走路要小心。」

高自尊也許不一定是這樣的好事。它可能暗示，個體已經達成可能的最大成就，這是自滿的結論，與認為個體總是可以再進步的精熟型心向不符。高自尊不一定有助於提升學業成就，因為它可能導致過度學習、不切實際的高風險和目標（Baumeister, 1993）。

另一個常見的假定是，暴力行為是低自尊所引起的，但是最近的研究指出，暴力行為可能是自尊受到威脅的結果（Baumeister, Smart and Boden, 1996; Bushman and Baumeister, 1998）。對自己有負面感覺的人會以不好的方式對待自己，但是他們通常不會惡待他人。研究發現，不穩定的高自尊和高度的侵略行為有關（Kernis, Granneman and Barclay, 1989）。高自尊可由「有效的」偏差行為所引起（Hughes, Cavell and Grossman, 1997）。

自尊高又不穩定的學生和自尊多變的學生之間有共通之處，例如，

自我本位或敏感易怒。舉例而言，霸凌者常常對自己有不安全又誇大的看法，由於覺得自己可能隨時失去自尊，霸凌者對可能的威脅，會做出嫉妒甚至暴力的反應。有誇大或不穩定的高自尊的人，可能會對負面的回饋很敏感，而且可能常常對面臨的威脅做出不成比例的敵意反應。對教師有攻擊和挑戰態度的某些學生，很可能正好有這類的高自尊。

有些有高自尊又過度自信的人，傾向於認為自己不會受傷害，也常常行為逞強又認為規則不適用在他們身上，例如，不遵守衛生規定的醫院外科醫師。研究也發現，高自尊的人也更傾向喜歡酒駕、開車超速、把吸菸的健康風險合理化，以及低估受孕的機會（Emler, 2002）。

高自尊也一向被連結到對外團體有更大的敵意。有高自尊的人會找出他們偏好與之比較的更不幸者（Gibbons and McCoy, 1991），並且歸因給外團體的成員，尤其在自己所屬的團體被批評時（Crocker and Major, 1987）。最極端的高自尊類型被稱為自戀型人格失調，這樣的人有放大的自我感，會幻想自己很偉大。此類型的人對他人的需求和感覺無動於衷，並且會為了自己的目的剝削他人（Baumeister, 1993）。高自尊也許會有問題，因為它是多變的或誇大的，以及因此而脆弱易變。

48　　　圖 5-1 摘要本節所討論的主要自尊層面及分類。

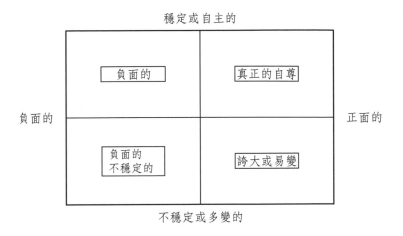

穩定或自主的

| 負面的 | 真正的自尊 |

負面的　　　　　　　　　　　　　　　　　　　　正面的

| 負面的
不穩定的 | 誇大或易變 |

不穩定或多變的

> 圖 5-1　自尊的層面

2 關於自尊的費解特性

　　「自尊」令人眩惑，是可以理解的，但對於自尊在激發學習動機方面的角色，我們的理解尤其混淆。自尊的角色比我們一般所假定的更複雜（Tyler and Kramer, 1999），尊重和動機之間的交互作用，就像是財富和快樂之間的關係：沒有財富可能會使你不快樂，但是有了財富也不保證可得到快樂。正面的自尊並不擔保會有高動機，對自我激勵而言，它也不是必要的。大多數人傾向於以正面方式評價自己，聚焦在自己的長處、誇大自己在任何成功事蹟的角色並忽略自己的缺點（Snyder et al., 1983; Taylor, 1990），但是並非每個人的學習都被正向地激勵。

　　自尊常被認為是教師可以培養學生具備的某種素質，例如，教師會讚美學生的良好特質並保護他們免受自己的缺陷所害。但這可能只

是假裝學生的困難不存在，因此，它無法幫助學生應付挫折。聚焦於支持學生的自尊，可能只提供學生避免面對問題和困難，以及逃避從中學習之方法。

自尊受到傷害，對每個人都有反面的效果，這是我們全都想避免的。但是嘗試直接提高學生的自尊，可能效果有限，因為這會忽略以下的事實：我們對自己的許多感覺，都來自於行為結果，而非引起行為的原因（Kernis, 1995）。

49　　在某種程度上，有些學生的自尊高低依賴教師的影響而定，尤其是自尊較脆弱的學生。但是，當教師真正培養學生的自尊時，學生的自尊傾向於多變，因為師生關係是多變的，亦即，師生關係在本質上是以隨時會消退的接納行動為根據。此種關係也有相當特定的界限，而教師必須在界限內操作師生互動。

我們通常認為，激發自尊是使學生具備自信心的方法，但是學校不能想到就做地直接影響學生自尊。首先，這是假定教師掌控了學生的自尊，而實際上，自尊高低係由學生自行決定，而且自尊的形塑常常受到教師不知道也不能控制的因素所影響，亦即學生真正重視的任何事物，例如他們的外表或同儕團體的接納。

自尊的最大單一變異來源是基因，至少三分之一的變異量可歸因於這項單一因素（Kendler, Gardner and Prescott, 1998）。然而，這意味著學生之間的自尊差異，大多數是由於發生在生命體本身的事件。次要的變異來自父母的影響。有四種父母對待子女的方式對自尊的形成極重要（Coopersmith, 1967）：接納、對期望的行為有清晰的標準、以說明而非強制為根據的控制，以及參與家庭事務的決定。更近期的研究（Feiring and Taska, 1996）把接納單獨列為關鍵因素。自尊終究不會

和同儕的認可有更多的連結，但是父母的意見在子女的青春期甚至成人期，仍然很重要。據發現，在父母的影響之外，只有極少的其他因素能修正個體對自我的意見（Emler, 2002）。

　　雖然教師可以分配學生的價值，但是教師無法給予學生真正的自尊。教師在學生的生命中往往不是重要人物，但這並非暗指教師對學生沒有強大的影響。事實上，學生對教師有極大的信任，教師可以認為自己的影響力很小，但卻常常無法理解此種明顯的衝突，也未能全然了解他們對學生所擁有的力量。因此，教師信口開河的奇怪評論，會讓學生覺得很苦惱，這種苦惱有時是以犧牲學生的拙劣式幽默所引起的，例如，給學生取可能會很冒犯的個人綽號。諷刺的是，學生愈挑戰教師，教師就愈覺得有挫折感和無力感，而愈遲鈍的教師就愈可能有能力使學生心裡難過。

　　事實上，也許教師損傷學生的自尊，會比建立學生的自尊更容易，尤其對帶著已很脆弱的自尊來上學的學生而言。如同信任或聲望，自尊的建立要花很長一段時間，但卻很快就可摧毀。例如，研究發現，相較於包容或接納可能提高自尊，針對個人的不認可，更可能會降低自尊（Terdal and Leary, 1991）。

　　幸運的是，教師可輕易透過抑制有破壞力的個人攻擊行為，來避免損害學生的自尊，這些攻擊的行為例如：輕率的批評、對個人的指責、善變的過度控制或不公平的管教，以及忽視和不感興趣。進一步的好消息是，對有信心的學習而言，負面自尊的阻礙不如我們所想的大，例如，女生的正面自尊被認為通常比男生低，但也通常表現更正面的學習動機（King et al., 1999）。研究持續發現，學業成就和自尊之間只有少量的相關（Hoge, Smit and Crist, 1995）。更好的消息則是，學

校教育可以影響形塑學生學習信心和自我激勵的關鍵心向。自尊傾向於隨著學業成就而增強,而非學業成就高低的成因。

50 **一、對自尊之誤解導致的後果**

　　下列幾個無益的教育措施,係出自於吾人對自尊的誤解。

　　大多數教師認為,告訴學生他們有多聰明,能建立學生的信心。但是這類的能力讚美卻是在鼓勵學生重視炫耀其能力,而非重視學習,學生隨後可能會把失敗歸因於能力問題。再者,這可能會灌輸學生「能力無法改變」的信念,如果學生有這種能力固定的想法,他們的信心可能會瓦解,因為無論多有信心,失敗就代表能力低落。課堂學習能培養更健全的信心,其傳達的訊息是:能力會成長,以及學生如果能專心應用正確的方法就會有進步。即使是認為能力可變的低自信學生,其應付挫折的能力也比認為能力固定的高自信學生好(Dweck, 2000)。

　　另一個常見的錯誤是,教師對不切實際的高企圖心給予讚美,因此很不智地強化注定導向失敗的目標。把讚美聚焦在學生的期望和其目前能力水準之間的正確搭配,也許更有助益。

　　對自尊的誤解進一步反映於,學校在如實給學生回饋和維持學生自尊之間的掙扎。當教師主動協助學生或給予同情時,就能減輕失敗的打擊以保護學生的自尊,但這可能會暗示學生,他(她)的能力低落。謹慎選擇及表達的批評可以傳達高期望,但是對於易得的成功給予一視同仁的讚美,會使讚美無意義,並且傳達出教師對學生成就不感興趣的訊息。只要確知自己的價值,學生就會吸收與如何表現有關的正確回饋,然而有關個人特質的評論,會對自尊造成更大威脅。

3 建立信心的更好方式

　　建立自尊所用的方法值得稱讚，但是孤立的環境無法培養有信心的學習者。教師必須注意對學生很重要的特定能力，而非籠統地企圖使學生覺得自己很不錯。自尊只能來自於真實生活情境所需的能力，而非來自讚美和建立信心的策略（Seligman, 1998）。在建立學生信心時，教師會灌輸學生「能力非固定」、「成功的途徑很多」之信念。透過將失敗連結到學生可以修正的因素，教師把犯錯視為增進自我效能的重要步驟，信心的獲得比較不依賴真正的學業成就，而更依賴學業成就和期望之間的關係。懂得激勵學生的教師，會促進學生期望與其目前能力程度之間的正確搭配，他們讚美學生的努力和學習策略應用，以幫助學生聚焦在學習的過程，他們使學生覺得要為自己的成功負責，並且強調改進的可能性。這些都能鼓勵學生專注於學習而非炫耀能力，並且把進步歸因為努力。最重要的是，這類教師強調個人為準而非常模為準的成功，因此能促進對學業成就的精熟型態度。

　　以有信心的學生為對象的雙軌教育法，涉及教導學生把自己的能力視為可變的，進而引導學生採用精熟型心向，並且幫助他們以建立能力信念的方式來理解學業的進步。並非每個學生都能成為最優秀者，但是他們在學業成就上都可以建立高度的精熟型心向。四種動機心向的每一種，都有可能影響通向左前額大腦皮層的相同神經通路，而這部分的皮層會產生信心感（Davidson, Putnam and Larson, 2000）。真正「愉悅」的心向是達成目標時產生的自我效能——效佳因素。

　　我們透過相信自己能應用能力和行動來達成目標，而激勵自己（Bandura, 1997）。研究發現自我效能信念和學業成果之間的明確關係

51

（Tuckman and Sexton, 1990）。各類能力的發展都能強化自我效能感，使個體更願意冒險，更願意找出挑戰任務（Seligman et al., 1995）。超越挑戰的態度會轉而增加自我效能感，使學生充分應用他們擁有的任何能力。兼職工作或志工，以及在休閒和文化活動中發展技能，都能幫助學生透過善用其環境中的媒介而提升自我效能（Gilligan, 2001）。有高度能力感的學生更有可能選擇困難的任務、付出更多的努力、持續更長的時間、應用更適當的問題解決策略，以及對學習任務的恐懼和焦慮更少。

研究發現，自我效能經由目標的達成，會對學業成就產生影響。因此，對自我的信念似乎會影響所努力的目標（Dweck, 1992; Locke and Latham, 1990）。在學習的情境之中，我們更有可能會問：「我在這方面有什麼擅長之處？」而非「我對自己有什麼感覺？」

在目標實現方面，有助於了解「理想我」之重要部分的自我效能，對於產生正面的自我感覺尤其有用。教育經驗的價值在於其能實現學生目標的程度，達成目標的感覺係由「真實我」和「期望我」是否相符來決定。在實現想成為的理想人物之目標後，我們會得到「興奮感」（buzz）、「走路都會跳」，以及產生愉悅感。此種正面情緒是推動創意思考的霓虹燈。如果目標的達成是在挑戰度和所需能力水準可能最高的情境下，成效甚至更好。但是只有高效能，不足以保證獲得真實的自尊和內在動機，因為這些對效能的信念必須伴隨自主感而存在（Deci and Ryan, 1995; Ryan, 1993），以創造最佳的自我動機層次。

達到效佳狀態時，大腦的神經傳導物質會一致運作，以產生愉悅感。這時，睪酮素會上升以利集中注意，腎上腺素會流經所有的血管，以使我們保持警覺和快速恢復。當腦啡（endorphins）充斥全身使身體

產生自然的興奮感時，多巴胺則會刺激大腦的愉悅中樞，帶給我們幸福的感覺（Winston, 2002）。

心向如何一起運作

　　雖然教師不一定能直接影響學生的自尊，但是教師可以影響四種動機心向。例如，教師可以鼓勵學生把能力看成是可變的，然後鼓勵他們採取精熟型態度，以及對自己的成功做出有助於建立信心的樂觀解釋。學生會透過把自己的想法同化到教師對其進步的歸因之中，來詮釋自己的進步。這些因素左右學生的自決能力，並因此有利於建立進而影響對能力、歸因、學業成就，以及自我效能之想法的自尊。上述這些因素說明如圖 5-2。

52

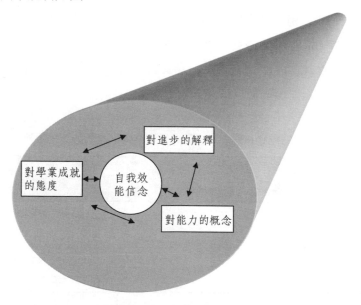

對進步的解釋

對學業成就
的態度

自我效
能信念

對能力的概念

▷ 圖 5-2　動機心向

　　各動機心向會相互影響。它們之間的因果關係連結會指向任何方向，因為所有四種心向都相互交織。學生對能力的概念、對進步的解釋、對學業成就的態度，以及自我效能信念等，全都交互作用以創造出整體動機狀態，進而有助於形塑自決能力和自尊——這些都會影響動機心向。當然，對能力之本質的看法會影響對學業成就的態度，進而形塑對進步的解釋——這些解釋又會影響自我效能信念。例如，有精熟型心向的人可能會把成功歸因於內在的、穩定的、可控制的因素，尤其是努力；有表現型心向的人則更可能採取對能力的歸因。

　　表 5-1 摘要對能力的概念和對學業成就的態度之連結，以及其後來對挫折的反應。認為能力會漸增的人，更可能形成精熟型心向及其意義系統，這些會把努力和進步連結在一起，也會把失敗和努力不足連結在一起（Molden and Dweck, 2000）。這種想法可能會促進對挫折、挑戰、失敗之精熟型反應。另一方面，認為能力固定的人，則更可能形成表現型心向及其意義系統，即把努力和失敗都和低能力連結在一起。以自我保護或造成無助感的反應而言，這種想法可能會促進對挫折、挑戰、失敗之逃避式反應。

53　▶表 5-1　對能力的概念和對學業成就的態度如何形塑對挫折的反應

對能力的 概念 →	對學業成就 的態度 →	意義系統 →	對挫折的反應
漸增的	精熟型	努力＝進步 失敗＝不夠努力	努力不懈
實體的	表現型	努力＝低能力 失敗＝低能力	自我保護或 無助感

5 自尊在激勵學習方面的角色

當前的動機理論已指出自我的重要性。因此，對自我的感覺會對自我激勵提供重要的背景，而透過思考自尊與四種心向的連結，吾人對於自尊在激勵學習方面的角色可以達到更深入的理解。學生對教育不滿的基本起因，不是其負面自尊，而是混合固定能力觀、對學業進步的悲觀解釋、強硬的表現型態度，以及認為自己能力低落的看法。

有多變式自尊的學生更可能認為能力是固定的，對學業成就也會持表現型態度（Kamins and Dweck, 1998）。有正面自尊的學生會傾向於態度樂觀，並將失敗歸因於暫時的事件，他們覺得自己對這些事件有控制能力，並且將成功歸因於個人內在的穩定特質；這類學生當然會被失敗拖延學習，但他們能有效應付阻礙，因此很喜歡以自我參照精熟度的方式，評量學業的進步，而此種方式更可能維持正面的自尊（Kavussanu and Harnisch, 2000）。不像持表現型態度的人只有在表現良好時才維持正面的自尊，有精熟型態度的人，在不如別人進步時，她（他）還是會有正面的自尊。由於並非所有學生都是最優秀的，鼓勵學生專注於達到個人最佳表現，對維持學生的自尊而言很重要。

有負面自尊的某些學生會把成功歸因於運氣，把失敗歸因於他們認為很難改變的個人特質，這會導致預期自己失敗和產生無助感。

以上概括的討論暗示，對自尊的思考應該是兩層式的。首先，整體自尊的透析過程，（就像陽光）會過濾我們對自我的想法和感覺。第二層則是對特定能力的情境面評估（就像地面的天氣狀況）。有透析力的自尊就像陽光一樣是永久的，但有時太陽在雲層之後，我們就無法看見，這情形猶如遇到挫折或失敗。自尊穩定的人知道太陽還存

在，因此他們的自尊不會逐漸減損；自尊脆弱的人會擔心永遠失去自尊，在得到下一次的成功經驗或陽光重現之前，他們會失去正面的感受。

就像陽光，自尊是附加的而非必要的，教師如果聚焦在最速效的部分，亦即動機心向，教學會更有成果。

自我效能和自尊之間的互動作用，就像體適能和健康一樣，效能感和體適能都會變動，也都能以簡短的步驟建立起來。如同體適能可以促進健康又被健康所增進，自我效能感也可以促進正面的自尊並且被自尊所增強。本節所做的正面結論是，教師可以輕易影響學生可塑的心向，這些心向形塑自我動機，並進而滋長正面的自尊。

一、有用的和無用的整體動機狀況

許多有能力的學生學業成就低落，但是許多能力較差的學生其成就卻比預期來得高。哪些因素真正決定學業成就？關鍵因素之一是，學生應付挑戰和挫折的能力。有些學生喜歡接受挑戰，在遇到阻礙時樂於冒險和努力克服。這些學生可能最初的技巧不高，但經過一段時間之後就變得技巧很高。至於懼怕挑戰又逃避冒險和失敗的學生，則會逐漸落後。

高成就者似乎能夠不費力地表現能力，但這顯然是來自極大的努力（Howe, 1999）。要達到高成就，沒有捷徑可言。高成就者有非常努力學習的能耐，他們展現毅然決然的專心，並且致力於自己的行動。他們很渴望獲得成功，很確定自己的目標，而且也有清晰明確的方向感和不凡的好奇心。他們把成功歸因於努力學習和自知能掌控的能力，因此自我效能信念很高。他們認為能力是漸增的，進而對學業成就採

取精熟型態度。所以，他們樂於擁有高度內在動機，能非常專注於學習任務，能有效應付失敗，以及無論學習任務多令人挫折都能堅持下去。

　　就不用心學習的學生而言，其整體動機狀況則是明顯對比。在學習的情境中，他們對自己有一套很複雜的負面想法，他們對學業成就的需求可能很低，可能只對基本的需求有興趣。某些不用心的學生可能會因為懼怕失敗而引發動機，然後採用消極無助的或已形成的自我保護策略，再加上表現型態度和認為能力固定的信念，可能會使這些特質更惡化。學生對教育不滿的基本起因是，不斷把失敗歸因於穩定的、個人的和無法控制的整體因素，這些因素暗示失敗是無可避免的，進而導致低自我效能信念和低期望。學生有這類對進步情形悲觀解釋、認為能力固定、持強硬的表現型態度，以及具有低能力信念的嚴重多重情況，尤其容易受到逃避失敗和降低動機的循環式傷害。

　　對這些學生而言，若學習情境沒有重大改變，要逃脫上述循環會很困難。但是，無論學生之前失去動機的情況如何，只要教師能為學生找出最佳的學習情境，所有學生都可以重新發現學習的樂趣。

6 // 完整的動機模式

現在可以在之前的驅力輪廓外加上動機心向和自尊心以完成此動機模式（圖 5-3）。

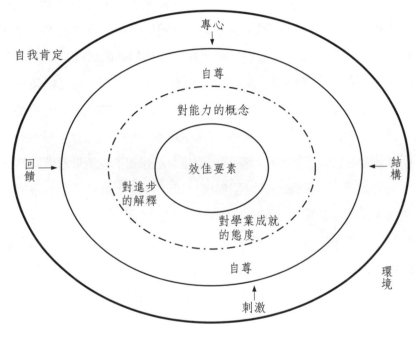

55

> 圖 5-3　動機模式

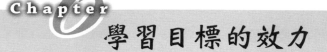

學習目標的效力

　　本章檢視目標所扮演的重要角色，以及目標的用處和主要特色。學習目標是學習時所瞄準的標的，也是評量學生表現的標準。當學生為自己設定學習目標時，這些目標即是對未來的描述，又如果這些目標對學生很重要而且達得到，它們將是有效的動機增強物（Ames and Archer, 1988; Klein et al., 1999; Nuttin and Lens, 1985）。未來目標有助於建構及活化學生的行為，能增進學生福祉的正是邁向重要目標的過程。另外，有效的自我決定即找出目標、追尋及達成目標，然後再追求其他目標的過程。

1 學習目標的用處

　　有些學生的學習表現優於其他能力類似的學生，其原因常常在於前者有不同的目標（Locke and Latham, 1990）。志在成功的學生會追求複雜的目標，然後學著建立小的步驟或方法，以利從一個目標邁向另一個目標（De Volder and Lens, 1982）。目標的設定代表意在引發及達成學習，同時也指引學生朝向目標前進的行動和提供體驗成功的機會。大腦透過想像學習方向和目標達成後的感覺，激發我們的動機。以極詳細的細節想像某件事，同樣能激化進行實際活動的大腦（Kreiman, Koch and Fried, 2000）。學生若清楚自己的目標——例如透過目標設定的過程找出的目標，會體驗到達成目標的自我效能感，並且持續進行認為會達成目標的行動。當學生把目標的推進視為代表自己更有能力時，對能力的正面信念會增加，進步的感覺愈強烈，控制感和信心就愈強。

一、學習目標的重要特色

學習目標在激發動機方面的用處，端賴其便利性、特定性、困難性，以及如何分配而定（Ames, 1992）。

眼前的目標比遙遠的目標更有鼓勵作用，因為比較容易判斷進步情形。目標愈清晰、愈具體、愈可觀察，愈容易了解所達到的進步；目標愈具體，目標的基準和需要的努力也愈明確；如果能力和專注力一致，目標愈困難、愈具體，就愈好；愈難的目標會導致愈良好的表現，雖然兩者的關係可能由於超出個人能力的困難程度，而趨於平緩。有具體難度的目標會比含糊籠統的目標——例如盡力而為，更容易導致更好的表現。以盡力而為的態度實踐目標之學生，會採用不同的標準評鑑自己的表現，其結果會導致某些學生滿意於低標準。相對地，學生所實踐的目標若有具體難度，則會以高標準來集中焦點及評量自己的表現。

有清楚理由的目標往往能激發動機。如果目標是協調而成的，這些目標會產生更大的自主感。要求學生協助訂定目標，更可能使學生理解目標並想要達成目標。

不同於涉及同儕比較的目標，自我參照的目標之優點是具有「絕對」的特色。前者的評量標準經常改變，而且不僅依賴個體的表現，也依賴他人的表現而定——個體對此的控制力很小（Wiggins, 1989）。當學生恪守自己清楚界定的標準，而非被期望比他人表現得更好時，失敗的經驗能激勵他們更努力（Kennedy and Willcutt, 1964）。絕對的目標也提供內建的標準，以評量個人的進步和何時完成學習。

58

(一)實際的目標

　　學生對成功或失敗的評價和感受，視其實際表現而定的程度，比不上取決於學生的表現與其期望之間的關係。學生表現的良窳，視其選擇實際挑戰難度而定之情況，則與視其能力而定的情況相同。正確的自我認識，使個體能公平歸因自己的才能，並且找出自己的缺點。學生對於達成學習任務必備的能力，必須做出實際的自我評價。

　　但是，有些因素會使選擇不適當目標的情形更惡化，包括教師持低度期望、教師對優異學業表現的偏好，以及學生傾向於以高成就的學生為榜樣等。有些學生——尤其自尊高的學生（Baumeister, Heatherton and Rice, 1993）會有不切實際的高度期望，教師若誤認這證明學生有意更努力，而鼓勵學生，無意間可能會強化注定失敗的學習目標。在這些情況下，也許更有益的方式是嘗試鼓勵學生設定符合其目前能力的期望。

　　挑戰不一定如我們所假定的正面，教師必須試著在低期望和過度令人不快的挑戰之間，找出實際的平衡。

(二)目標設定及持續努力

　　當學生設定自己的學習目標並進行必要的努力時，學生即掌控了自己的成敗，目標設定及持續努力的程度會受到許多因素影響，包括自認可達成目標的可能性、目標的重要性或可行性，以及目標和同儕支持的適當性或合理性（Ames, 1992）。教師必須明確教導學生達成目標的能力，雖然學生可能認為目標可行，也有可能達成，但他們仍必須做出反映其致力於目標之程度的決定。個人因素——最重要的是之前的表現和能力水準，會影響對目標的努力。自我效能感是對個人目標設定最重要的影響因素之一（Bandura, 1989）。個人對目標的信念——

可能以興趣、效用或重要性為根據，會影響目標的選擇和努力度，而心態也會影響目標的選擇。

個人對目標重要性的認定，會因角色楷模、競爭，以及壓力而增加，而團體規範似乎對目標設定有正面效果。目標設定的正面角色示範，會使個體為自己設定更高的目標（Roeser, Midgley and Urdan, 1996）。當師長被認為支持和信賴學生、有知識又親切時，學生對目標會更努力以赴，而此種情況會賦予目標可信的理由並構成合理的壓力。

二、社會目標

大多數學生重視社會目標的程度高於學習目標，尤其是以同儕為導向的目標。我們都知道，參加會議受益最多的是茶敘時間的非正式接觸，因此學校教育的人際互動部分比課程更重要，例如，決定是否要繼續留校學習（Mangan, Adnett and Davis, 2001）。在適應學校生活上，學生必須追求多元而互補的社會目標和學業目標（Juvonen and Wentzel, 1996），他們會被鼓勵達成一系列的社會目標，例如幫助他人、取悅成人、建立友誼、建立師生關係、加強參與感、發展社會認同感，以及獲得社會認可。這些目標會進而增進社會技能感，並且提供能促進學業成就的社會情境。就個體福祉的長期預測指標而言，青少年在同儕眼中的形象優於學業成就、智商分數、教師評分或曠課情形的指標（Cassidy and Asher, 1992; Cowen, 1973）。同班同學是未來可能的朋友，同時也是促進徹底比較的重要參考團體。

西方文化強調發展男性的獨立自主和女性的依賴聯繫。因此，女生更有可能以人際關係和團體歸屬感為基礎來定位自己（Cross and

Madson, 1997）。相對地，男孩的自我定位則根據自己的特色和人我差異的重要性。但是，男性仍然會追求人際關係，而其人際關係也常常反映個人的目標。

㈠同儕的接納

對青少年而言，同儕的接納是一項重要問題，甚至和友誼一樣重要或更重要（Juvonen and Wentzel, 1996）。雖然青少年會向父母要求獨立，但他們也想和其他人一樣。同儕團體是很重要的社會比較來源，也是青少年如何思考和行動的指引。

下課時間，也許是學生在學校生活中可用自己方式和同儕互動，以及練習重要社會技巧的少數時間（Pellegrini and Blatchford, 2000）。下課時間會被用於合作型互動，包括同儕自訂的遊戲在內，而在學年開始時，由於同學之間相互不認識，遊戲場的遊戲尤其重要。對幼童而言，遊戲扮演了非常重要的角色，因為它能提供互動的鷹架使相互陌生的孩童互動。互不認識的學生，可應用對遊戲的共同知識作為相處的初步基礎，遊戲也可以促進新的社會接觸，因為參與遊戲、提議可玩的遊戲，可以開啟新的關係。在經過初步階段之後，學生就可以應用遊戲來凝聚目前的團體及友誼。

遊戲場的行為所反映的同儕關係，能更大致預測學生對學校生活的適應。學生在小學前幾年從遊戲中所體驗的效能感，會轉換成更普遍的學校學習能力感。

三、對學習目標的感覺

情緒的作用之一，是讓我們知道行為的結果（Carver and Scheier, 1998）。類似驕傲和羞恥等感覺，也能令我們知道自己在團體中的地

位（Lewis et al., 2000）。我們的感受不只是達成目標的結果，也是達成目標的進步率所造成的結果。由情緒所決定的動機強度——亦即熱忱度，轉而會被進步率所影響。負面的感覺反映的是令人失望的進步率，這表示出現問題：事情的進步速度不夠快。當事情順利進行或進行地比預期更好時，就會產生正面的感覺，而正面的感覺可能會引起自滿，就像在運動競賽中的起起落落所顯示的。進步感的運作就像汽車的勻速控制器一樣（Carver and Scheier, 1998），如果邁向目標的速度太慢，負面的效果會導致更大的努力；邁向目標的速度太快則會產生導致減少努力的正面效果。進步的速度會漸進變換或急遽變換，急遽的進步會造成突如其來的興奮，但是猛然的退步則導致「不安的感覺」。如果進步只發生在目標達成之前，我們有時則會經驗到「突然洩氣」的感覺。

如前所述，學習目標有兩大類。第一類目標關心的是邁向理想我，第二類目標則是邁向應然我。達成帶有理想的自我焦點之目標（例如，在學校表演活動的領導者角色），會帶來愉悅感。當所實現的目標是關於想要達成的自我時，我們會覺得洋洋得意；而未能達成這類目標時，則會令我們覺得沮喪。雖然失敗會使我們感到苦惱，但達成「應該做」的目標時（例如，拜訪高齡的父母或寄耶誕卡給他們），我們會覺得如釋重負。「應該的」和「理想的」目標之間的交互作用，很類似責任和權利這兩個概念之間的互動。

PART 3
第三篇

驅力的作用
The Drivers in Action

專注：創造學習的關係

本章要點為，教師透過專注驅力及其各檔，使學生知道自己被評量的方法。這些方法的達成，係透過教師的態度和期望、教師如何給學生貼標籤、如何運用競爭和合作，以及如何把學生分組。

1 什麼是專注？

認識學生是激發其學習動機的首要目標。專注指的是師生和學生同儕之間的關係特徵，而隸屬某個學習社群的需求，對學生而言是基本的動機增強物（Baumeister and Leary, 1995）。專注一詞常用來描述學生對學習的一般投入狀況，而專注驅力的焦點則被窄化為社會的和情緒的專注。教師透過盡力提供學習資源、安排輔導時間，以及在學生需要時隨時有空回應，來表達對了解學生及認識學生的渴望。圍繞專注而產生的效果很重要，在產生共鳴和正面感覺時，教師的情緒會有感染力，並且對學生的幫助最大。教師在了解學生所關心事物方面的敏感度，會影響學生自覺需求被滿足之程度。就對學生很重要的教師素質而言，對待學生的方式和教學的方式一樣重要（Rudduck, 1998）。

互為主觀性（inter-subjectivity）是指師生之間有共同看法之程度（Bruner, 1996）。如同馴獸師看待獅子一樣，有些教師認為學生和自己頗有差異；相對地，有些教師應用在自己身上的想法，就和應用在學生身上的一樣，因此，他們更能夠掌握學生對學習情境的看法。

　　學生會從觀察教師對待自己的行為，而發現教師對他們的看法，他們會注意微小的細節，例如，教師對其他學生有更大的興趣。許多學生不喜歡教師偏愛有成就的學生，而犧牲掉學習緩慢的學生，他們尤其討厭不想費力記住學生名字的教師。如果教師不喜歡學生，學生就不可能對教師所教的學科有興趣。

　　專注會透過班級氣氛而散布。氣氛一詞很難定義，但是比較容易描述，也很容易體驗。學校文化引導遍及整個學校的信念，也提供激發想法與實踐的精神，因此，每個班級的氣氛既促進學校文化，也受到學校文化的形塑。班級心態（classroom mood）是指即將體驗某些情緒的準備狀態（Lewis, Amini and Lannon, 2000）。教師態度、期望，以及行為的各項細節，都有助於建立激發動機的氣氛，這些氣氛使教師能強化學生自我改進的正面態度。

　　就班級氣氛而言，最重要的是所謂的「潛在課程」，即無論教師的行為方式多講求細節，都會傳達出有關其態度和期望的訊息。許多這類的訊息可能是無意的，而且會有逐漸損害教師效能的作用。非口語的溝通是情緒性和人際關係的語言，在提供情感支持方面，它甚至比口語溝通更重要。肢體語言被認為不只是另一種說話方式，也是多管道溝通方法的一部分，它使有技巧的溝通者能有一套表達意義的工具（Bull, 2002）。

64　　　研究發現，教師的不同態度會導致學生的不同反應（Hargreaves, 1975），有些教師似乎會引發某些學生的最糟表現，並且簡化他們的問題；但是有些教師則會使同一群學生出現相對更少的問題。

一、教師的態度和期望——倒退檔

排拒的態度的主要信念是，認為問題學生不想學習，而且會做任何事情來逃避學習。因此，提供能使這類學生學習的情境，被認為是不可能之事，而與這些學生接觸，則被視為是不計代價都必須勝利的戰鬥。如果教師期望學生出現不良行為，他（她）就更可能留意到及看到這些行為。挑戰教師的學生被視為是反權威者和堅決的不服從者，在課堂上他們會被忽略而且不時被處罰，但是服從教師的學生則受到比較好的對待。這類學生——主要是男生——被期望出現不良行為，因此，教師對他們會有許多貶抑的評價和負面標籤。只要他們拒絕服從教師，就會被轉介到權威更高的師長那裡，教師也會避免與這類學生有非正式的接觸，而學生的任何進步跡象都被看成是假的。總之，教師的基本假定認為，不可以相信這些學生。

有些教師會透過暗示蓄意刺激學生，例如，對學生說：「你不可能通過考試，為什麼要選這門課？」我們只能假定，教師曾經被類似的講法激發學習動機，因此相信這樣做有效。這類教師的用意是挑戰學生，以證明自己的看法有錯，並且激勵學生採取行動。尤其對男生或自我概念穩定的學生而言，給予另類刺激以激發更大努力，這樣的作法的確有效，因為男生更有可能回應挑戰。然而，對於自尊脆弱和低自我效能的學生而言，他們相信教師的話並把這種講法視為批評，因此這類的「恫嚇策略」會產生令人生厭的大風險。如同填鴨式學習，它可能有效，但卻無法使學生想要學更多。這類負面感覺會降低大腦集中精神學習的能力，甚至對那些因而激起學習動機的學生而言，這類的負面動機往往使學生對教師產生恨意，使其仇視學習又損害其自

尊。這種對待學生的方式，必然加重學生「證明自己實力或證明他們錯了」的心態，而非增進學業上「改善自我」的態度。

這種互動方式將持續成為吾人文化的固定部分，尤其是男性之間的文化，例如，星期六上午，做父親的在足球賽或橄欖球賽場邊痛罵自己兒子，要他們更加努力。由恐懼或恐嚇產生的動機可能會加強短期的表現，但無法增進學習。

就如某些教師有排拒學生的態度，有些教師則有忽視的態度，對某些學生興趣缺缺。有些學生被忽略到覺得自己在班上是隱形人，甚至在某些課堂上，他們不准相互說話，這使得學生無法發展任何的合作學習技巧。

二、教師的態度和期望——第一檔

若強調「改進自己」而非「證明自己實力」的學習方式，專注於學生的班級氣氛更有可能增進精熟型態度。當班級氣氛著重的是個別標準有關的能力時，它會促進學生的精熟型態度；而競爭的氣氛則會導致視能力為天賦，進而促進表現型態度。

教師可透過以下策略培養學生的專注力：

1. 分辨學生的個別人格特質。
2. 以學生的姓名向學生打招呼。
3. 從學生的能力而非學生的短處來認識學生。
4. 悅納學生順其自然表現的團體角色，例如，愛發號施令或喜歡助人。
5. 讓每個學生偶爾能公開展示其學習成果。
6. 確保所有學生總是會受到認可。

7. 重視學生的所有學業成就。

8. 讓學生說出他們的感覺和想法。

9. 讓學生表達他們的意見和關切事項。

10. 展示學生從家裡帶來的圖片等等物品。

11. 在校內、校外都表現出了解學生生活的興趣。

12. 把學生的特定學業成就以書面告知家長。

13. 對學生有興趣的事物表示興趣，發現學生的嗜好和任何特殊才能。

14. 參加學生參與的活動，例如體育或音樂活動。

如果對學生的支持和認可並不依賴學習表現而定，學生就會覺得，不論自己表現如何，教師都尊重學生的價值。教師把時間花在這方面，就和準備課堂教學、改作業一樣重要。這類努力會在師生之間累積正面的感覺，在師生產生衝突時就可以派上用場（Covey, 1990）。小學比中學更適合也更容易達成上述某些策略。

三、教師的態度和期望──第二檔

相對地，專注的態度所傳達的是，師生共同參與學習。雖然彼此各有不同角色，但卻分享著下列態度：「我們一同學習，你可以信賴我所扮演的角色。」這些態度是以相信學生想要學習的信念為根據，如果學生不想學，學習情境必然有錯，教師則有責任加以改變。這些態度會導致相當不同的教師行為，因為教師會避免偏袒及暗示對其他學生的拒絕；而課堂之外的非正式接觸則較常見。學生不會在課堂上或教師辦公室裡受到貶抑，事實上，後者是教師常常替學生說話之處。總之，其基本假定是，學生可以被信賴和尊重。

這類教師把學生的問題行為視為成長的必要部分，並且支持學生的獨立自主。他們會預先安排某些程序，以允許學生表達不同意見。他們了解，學生嘲弄教師就像小狗拉扯鞋子一樣，不會造成傷害，任何曾經和小狗玩過拉扯遊戲的人都知道，小狗不是想要鞋子，而是喜歡相互拉扯的過程。

四、貼標籤——倒退檔

教師和學生一樣，對於會影響理解學生學習表現的能力和人格，也有隱含的信念。視人格為實體的教師，會假定學生的人格無法改變，因此更可能很快就給學生整體的標籤，這種作法即假定學生的特質會在單一事件中展現出來（Chiu, Hong and Dweck, 1997; Levy, Stroessner and Dweck, 1998）。這類教師認為，持續影響所有行為的個人特質是固定的和統一的。

基於偏好明確狀態勝過含糊狀態，有些教師有必須得到明確答案的需求。這種強烈想得到結果的需求，會導致依據少量證據就直接跳到結論，隨後則不願意接納不同於自己的看法。這類教師傾向於很快「抓住」學習結果，然後「凍結」自己的判斷（Kruglanski and Webster, 1996）。他們在達成結論之前所處理的資訊可能比較少，並且對資訊的詮釋也思考得比較少。他們形成印象的速度更快，而且更依賴刻板印象。例如，有些教師會假定，某些特殊教育需求的標籤能「說明」關於學生的所有事情。

66 持漸增觀的教師認為，人格比較是流動的和可調教的，他們不會那麼快就跳到結論，而是假定學生有改變的潛力。因此，他們把學生的不良行為或欠缺應用的能力視為可解決的問題。

　　學生一旦有了名聲，就很難拋開（Jussim, 1989; Rosenthal and Jacob-sen, 1968）。有些教師傾向於先入為主地認定，有負面名聲的某些學生會損害班級氣氛。刻板印象的作用在降低學校社會生活的複雜度，因此，某些教師對學生產生刻板印象以處理此種複雜性，並不令人驚訝。但是，這類結論可能很快形成，造成學生不滿這些草率的意見。如果這些意見以明顯的標籤來表達，就會逐漸損害學生的自我認同並危害其學習動機。有些教師可能根據微薄的證據，對某個可能遇到困難的學生做出假定，這些證據如同事的謠傳、所觀察到的能力表現、教導該生兄姊的不愉快經驗，或者特定事件等。學生的外表尤其是有效的促因，例如，某些教師認為，戴耳環的學生會製造麻煩。

　　有些教師比其他教師更傾向於應用按特質分類的標籤，例如以智能、可靠度或誠實度等描述他人，而不使用「聚焦在其專題學習」之類的具體情境標籤。前者所做的假定是，人的同質性超越情境的差異。

　　就如外顯的標籤化過程，更微妙的標籤化過程同樣存在，例如，從不要求學生對團體討論做出貢獻、不要求其回答問題，以及不要學生為教師做事。有四個因素似乎能決定學生依照標籤表現行為的可能性，包括：學生被貼標籤的頻率、教師的意見對學生有多重要、有多少教師給學生貼標籤，以及貼標籤時的場合有多公開。如同期望一樣，標籤是無可避免的，而且對於促進教師對學生的了解很重要。不過，貼標籤並不會明顯造成學生的疏離，學生也不會一夜之間就變得行為偏差。

　　學生的學習困難情形被標籤化的方式，會決定學生、家長，以及教師理解及處理學生問題的方式。標籤會導致樂觀或悲觀的態度。另外，有些標籤有建構作用，有些標籤則會局限學習。

有時標籤會透過下列方式，把學生的困難擴大成負面的自我認同：

1. 把問題歸因於可控制的因素，此舉即暗示問題是自我造成的。

2. 暗示困難永久存在。

3. 暗示困難是整體的。

4. 形成負面的期望。

5. 不鼓勵學生接受責任。

6. 把困難歸因為不可控制的因素。

7. 助長恐懼失敗的態度。

五、貼標籤——第一檔

但是，標籤也可以透過下列方式，把學生的困難轉換成對學習的正面認同：

1. 確認及描述問題的源頭。

2. 允許學生重新組織問題。

3. 暗示問題是特定的而非全面的。

4. 提出說明，藉以減輕學生和家長的擔憂。

5. 促成更好的和更客觀的理解。

6. 設定實際的期望。

7. 把學生的進步歸因為超出學生控制的因素，以利激起同理心。

8. 替換掉無益的和誇大的個人化標籤，例如「害人精」。

67 教師給學生貼負面標籤所造成的損害作用，可以被減輕，如果：

1. 教師留意其所使用的標籤，並且注意如何表達這些標籤。

2. 教師對辦公室的流言、某些學生的名聲，以及「兄姊的影響現象」，採取懷疑的態度。

3. 學生的任何改進都被認可和鼓勵。

4. 焦點放在行為方面，而非學生本身。

六、競爭和合作——第一檔

競爭的情境是提供有刺激性的挑戰和可享受的樂趣的好方式，尤其對男生而言。競爭為建立團隊、形成歸屬感，以及被所屬的支持團體評價，都提供了很大的可能性。「競爭」（compete）一詞的詞根是拉丁語「*con petire*」，其意義是「設法在一起」（to seek together）。我們所尋求的是盡力表現，而這項任務在他人刺激我們施展能力時，更容易達到。沒有任何事情的激發動機程度勝過有可敬的對手，例如畢卡索和馬諦斯之間著名的終生相爭，即是證明。對有信心的學生而言，競爭會增加樂趣和更為認定目標的重要性。競爭有助於激發新的興趣，也有利於在簡單的、機械式的或重複的任務方面，改進學習表現。

不過，教師必須努力控制競爭，進而幫助學生能正確判斷競爭的重要性。若教師使學習活動一開始就盡量平等，競爭的效果會達到最大。

七、競爭——倒退檔

然而，當學習任務要求學生提出解決新問題或複雜問題的最佳想法時，競爭優勢的任何益處都會消失；當打敗他人變得比盡量做出最佳表現更重要時，競爭的樂趣也傾向於消失。當我們有很大的成功機會時，亦即競爭對手和我們程度相當，我們只想要彼此競爭。過度競爭會降低學生的學習率、損害學生的信心，以及助長怯懦的態度，尤

其對於女生而言（Boggiano and Pittman, 1992; Kohn, 1986）。

　　競爭可能會失去控制，導致個人和團體之間的過度對抗。教師可以強迫學生裝出勇敢的樣子來應付威脅，但是這種情況可能會損害學生對學習活動的興趣，使某些學生不能理解或無法判斷競爭的重要性。在競爭方面，最終的結果會比過程更重要。

　　只有某些學生會對競爭感興趣，此現象係由學業成就態度及其他因素所決定。競爭會鼓勵學生為利己的目標而努力，並且習得其他學生是成功的障礙之想法。教師安排只有贏者才受到重視的競爭情境，將會強化學生的多變式自尊。如果學生相信，個人的價值反映在競爭成績的考試上能表現多好，那麼參加考試會造成很大的焦慮，會阻滯學生所知，以及導致學生採用自我保護的策略。競爭會大量降低可成功者的人數，的確，對某些人來說，成功必然暗示著其他人的失敗。過度的競爭往往會放大成功的正面感覺，亦即驕傲感；但也會放大失敗的負面感受，也就是導致欺騙或被淘汰的羞恥感。

　　競爭的報酬會威脅內在動機，因為它往往和學習過程本身無關。對能力水準低和欠缺安全感的學生而言，這尤其是問題。

　　若重點在競爭，來自教師的負面回饋尤其令人討厭。競爭導致學生更加注意其他人的學習，對自己的學習付出更少。對受到不利比較的學生而言，比較式的評量會助長負面的氣氛──這些可見於他們的自我評量不佳、避免冒險、興趣低落和膚淺的學習。另外，同儕評量通常也會有這樣的低自評成績。

　　競爭的最大缺點也許是，衡量進步的標準不斷改變。因為其依賴的不只是個人的表現有多好，也依賴其他人的表現有多好。當學生堅守自己的標準時，失敗意味著沒有達到目標，因此，失敗往往會激發

學生的動機。另一方面，在競爭中落敗，意味著整個人的失敗，因此，失敗會很令人洩氣。在競爭的情況中，學生的學習永遠無法完成，絕對標準所提供的結構，對有不安全感的學生而言尤其重要，因為無論自己表現得多好，他們總是想到最糟的一面。

八、合作——第二檔

　　教師可以壓抑學生之間的競爭，例如，透過同時提供教材程度及內容有別的不同活動而把教學個別化。和各式組合的小組共同學習，學生就可以在不同的學習任務上個別學習，以及參與不必然按照能力分組的小組學習，以利其所形成的能力觀對學業成就的影響較不顯著。教師可以鼓勵學生相互提出正面的回饋，為別人的學習負起一些責任，以達成合作而非競爭。在這樣的氣氛之下，學生會更容易相互學習，以取代對抗或相互分隔。

　　透過從同儕尋求社會的認可，合作式小組學習增進了加強學習表現的可能性。學生在相互合作時，往往比較不會犯錯，因為他們共同分享資訊又相互監控，而且，向共同的目標邁進時，更正錯誤對每個人都有利。誘因式結構可用於每個人身上，因為每個人都必須竭盡所能求取團體的成功（Slavin, 1984）。由於每個成員的貢獻都必須清楚確認，當人人都有機會負責會影響整個小組的活動時，合作小組有助於激發學生的動機。

　　教師應該獎賞支持其他同學的學生。任何支持學習小組的行為都值得鼓勵，尤其是那些界定小組目標又帶動小組邁向目標的學生。角色示範對自我效能有重要影響，因為它能讓學生觀察到，成功的同儕如何精熟學習任務。

團體規範對學生的行為和態度有非常重大的影響，教師可以使所有學生覺得自己是同質團體的一部分，而且此團體認為自己有能力又努力學習，其方法包括：要求全班有自己的旗幟或班歌、有特別的服裝規格、有特別的班呼，或者只是有共同的目標。團結的小組會相互支持，甚至包括學習最遲緩的學生在內，因為對小組而言，個人的進步就是小組的勝利。

合作會促使每個人努力求取成就，進而使學生覺得對自己、對彼此、對學科，有更正面的看法。當每個學生對別人的貢獻認可其價值時，就會促進肯定的氣氛。

九、學生分組——倒退檔

能力分組一向和低能力組學生的低自尊、低自我期望，以及反社會態度有關，因為這些學生被教師及其他學生貼上標籤（Boaler, 1997; Boaler, William and Brown, 2000）。能力分組尤其被認為，會把學生的態度分化成支持學校和反學校兩個極端。學生對於能力分組的效應很敏感，尤其是針對分組的方式如何強調能力的不同（Ireson and Hallam, 2001）。他們很明白自己為什麼及如何被分組。

69 　透過分組所傳達的能力劃分方式，對高能力和低能力的學生都會構成嘲弄。這會發展出兩種平行的文化，其一重視高學業成就，係由教師及某些學生所共有；而在另一種文化中，學生會偏好中間的組別，因為被視為「中等者」會得到避開嘲弄的安全選擇機會，而這種有趣的機會和享受的氣氛不會太有壓力或太競爭。

學生被評量的方式，是影響其動機的最重要因素之一，因為在公開評量能力或強調比較學習表現時，成績很差的狀況最有可能會損害

學習動機。能力分組會提高學生最初的專心學習程度，有高能力的學生傾向於被鼓勵更獨立學習、更自決、有更多的選擇、有更多的責任。屬低能力組的學生其教學活動的結構更緊繃，獨立學習和發揮創意的機會更少，因為對學生的優先要求事項是服從規則和期望。

　　學生對分組的反應可能不一樣。在最優組別的學生，有些人發現學習速度太快，他們不喜歡競爭，也不喜歡過高的期望；有些則發現課程富啟發性，競爭和高期望也都能激發動機。分組使班級組成的異質性更高，也允許更多的合作，但有證據指出，高能力組的學生會相互支持，而低能力組構成的班級則往往氣氛不和諧。

十、學生分組──第一檔

　　學校的價值和態度對於調和學生分組的效應很重要，尤其是教師的期望、學生社會條件的混合程度和競爭的風氣（Ireson and Hallam, 2001）。如果採用能力分組，學校必須經常檢討分組，以確保學生有可能更動組別。

　　對學生的動機而言，能力分組的主要可能危害，會來自於代表能力固定觀的嚴格分組，此外，能力分組可能傳達有關整體能力的假定。學校必須知道學生從分組所習得的訊息，知道學生會被如何評量，知道學校所贊同的行為，以及學生的表現有多好。學校必須確保對高成就的重視並不是最重要的、所有學生的能力都會被評量，以及學生有許多方法可以成功。學校必須監控學生的學習態度和專心程度，尤其必須應用方法，來查核分組方式如何影響主要的動機心向。

Chapter *8*

結構：從教師權威到學生自主

本章探討結構驅力的優點，此種驅力對於學生如何達到期望的結果，提供明確的資訊。討論重點之一是，透過將結構排檔應用到學生的自主，教師權威必須如何逐漸轉換。

1 什麼是結構？

藉由清楚說明目標和一致地回應，教師能提供學生需要的結構層次，以確保其安全和福祉。就像金融市場一樣，大多數學生厭惡不確定性。預測力（或預測的能力）使學生知道接下來要做什麼，進而有助於發展控制感和信任感。對情緒很容易受傷的學生而言，這尤其重要。

研究發現，對成人而言，工作上的真正限制是使工作令人滿意（Juster, 1985），這些限制包括：到了特定時間必須待在特定定點、完成任務的期限、與他人合作邁向某個更大目標，以及每個人都有特定角色。所有這些限制都會例行發生。被迫參與，似乎是使工作成為幸福源頭的關鍵要素，克服自己的抗拒以完成最初技巧不足以勝任的任務，會帶來無可比較的滿意度。在休閒方面，創造自己目標時受到的自由及時間限制，會不知不覺使休閒變成自由的活動，使吾人在其中很難維持方向感。透過提供時間分配、社會接觸、共同目的、自我認同感，以及定期活動，工作會促進愉悅感。同樣地，學校教育的過程

也有助於促進滿足感。

任何課堂教學的強調重點，都應該是學習的目的及目標，而非對學生的控制。教師必須設定強烈的任務導向，並以非控制的方式，運用有限的分組來提供適度結構。教學風格應該幫助學生理解，外在世界存在著可預測的結構，理解這些結構有助於知道在大多數情境下要怎麼做（Feuerstein, 1980）。這些態度始於教學計畫的時間，止於摘要重點的時候，而兩者的作用都強調順序和可預測性。但是，如果課堂教學變得太過結構化，有些學生會透過不當行為及其他行動，來為自己的生活注入新鮮感。

本節檢視權威式教學第一檔的關鍵要素，這些要素提供教學所需的結構，包括維持學生的注意力、發出教學指令、說明規則，以及表明狀態。但筆者首先要討論倒退檔的部分。

一、倒退檔

㈠教師的自我效能信念低落

對自己的教學技能有低效能感的教師，以及根據對自己能力的有限信念來管理學生的教師，傾向於偏好發號施令式的教學法，並且對學生的動機持悲觀看法。因此，他們強調透過嚴格的規定來控制學生，依賴制裁並訴諸處罰式管教。相對地，高自我效能的教師，使用更多說服的策略來促進內在興趣和自我導向。他們傾向於把有困難的學生看成是可教的，認為他們的困難可運用聰明才智和額外的努力來克服。低自我效能的教師，把這類問題歸因為學生的能力低落、人格特質或態度問題。相對於那些因恐懼失去少數權力而引發動機的教師，最有效能的是被激勵尋求合作和盡量不用權力的教師。前者產生的問題，

往往是來自受少數人威脅而產生的恐懼所驅動，而非被多數人的福祉所驅動。如果教師也被「應該的」目標所驅動（見第四章）並且努力達成這些目標，教師除了恐懼之外，還會有苦惱感。

(二)引起混亂的命令

教師有時會用這種方式下命令，而其結果是引發對立而非促進合作。以批評來表達的命令──例如「你為什麼不照我說的做」或「你為什麼都不專心聽」，更可能導致對立，尤其若在公開場合批評男生的話。如果教師下命令時太過憤怒，他們可能會吼學生，並因此不經意地加重了學生的對立，以報復教師暗示的批評。如同身體對疼痛的反應一樣，我們都會對高度個人化的負面批評「關閉」反應，因此，教師必須把學生的自我價值感看成和服從一樣重要。

「停止」的命令在告訴學生不可做某些事──例如「停止叫喊」，但這些命令最後會使學生做出那些被提醒不准做的事。「留在你的座位上」會比「停止到處跑」的命令來得好，因為負面命令陳述的是教師不想要學生做的事，然而，要做什麼事則是由學生自己決定。隨著負面命令增加，有時會形成「命令風暴」（command storm），尤其是引起男生的干擾教學行為。以問句方式表達的命令，例如「你要整理你的書桌嗎？」會使某些學生覺得困惑，他們可能搞不清楚，自己是否被要求要做某件事，或者可以做選擇。

教師有時會說出一串命令，而沒有給學生遵守第一道命令的機會。對某些學生而言，這會造成資訊超載，導致難以記得什麼是自己必須做的事。類似一串命令的情形是，重複陳述相同一件事，如果教師有複述指令的習慣，學生將會學到，在教師下最後命令之前都不需要遵守。這類重複的命令會透過暗示重點而強化不服從。命令宜說一次即

可。

　　如果教師不動手做，對於類似「讓我們整理這一團混亂」之類的「讓我們」命令，學生可能也會不動手做。同時，教師不應該先要求學生做某件事，然後在學生有機會動手之前，自己就率先去做。

二、第一檔——權威式教學

㈠維持注意力

　　教學時先得到及維持學生的注意，對教師而言是件重要的事，而影響注意力品質的因素，主要是教師的非口語行為。如果教師自覺厭煩，他（她）有可能會以單調的聲音說話、運用有限的姿勢動作，以及很少和學生目光接觸。教學準備不足的教師或擔心課堂教學狀況的教師，講述時可能會有所遲疑。

　　對學生而言，類似臉紅或前額冒汗等面部信號，尤其明顯可知，但教師卻很難控制自己。面部表情難以偽裝，例如，我們知道某人假裝很高興看到我們。另外，硬擠出來的「空服員」笑容，其所用的肌肉叢不同於真實的笑容，因為前者出於自動的控制，後者則是非自動的。

　　表達憤怒時，也會用到無法自動控制的肌肉，因此，真誠表達的憤怒很難偽裝。

73　　就緊張的教師而言，他（她）在覺得惱怒時，聲調變化程度會大到以高音調的尖銳聲音說話。相對地，有知識又對其所教學科有興趣的教師會使用更多的姿勢動作、更多的目光接觸，以及在語調和音量上會加以變化。

　　優秀的溝通者，其姿勢動作能說明口語訊息。教師的講述會有節

奏和重點，他們的姿勢動作和面部表情也會有相符的節奏和重點。他們的頭部和手部動作、呼吸、音調的改變、說話速度或音量，全都傾向於以協調的方式結合產生。優秀的演說者很少注意到這些非口語的活動，因為其功能在於吸引聽者注意口語訊息的意義。在學生看來，差勁的溝通者之非口語訊息會變成引起分心的可笑吸引物。

由於非口語訊息如此有力，即使學生可能不明白訊息內容，也會有所反應，例如，教師教學有時會傳達出關於其個人自信心的訊息。我們常常很難抑制這些訊息，但是溝通的第一個步驟就是察覺這些訊息。

㈡權威的命令

促進合作的命令，更有可能是以正面詞語所表達的特定命令。命令必須清晰、不含糊，例如「小心注意」、「靜觀其變」。當班級學生吵鬧時，教師必須將全班學生安頓下來，然後輕聲對其說話，而不是大聲吼出命令事項。若大聲吼叫，有些學生會聽不到教師說話，而且會使學生認為，這種嘈雜程度是可以接受的。教師應該停止說話並等待全班學生都安靜下來，或者提醒學生，在教師下任何命令之前，所有人的眼睛都必須看著教師。改述原來的命令，可避免被認為是重複下令。尤其在轉換教學活動之前，教師最好能提供信號，以利學生準備注意新的指令。「當……就……」指令在預先告知學生正確的行動順序，例如，「當你們坐下之後，我就會協助你們學習。」

有時教師認為學生會更加合作，而給予學生過多的說明，但是對某些學生而言，這等於暗示要從命令本身轉移到教師身上。命令最好簡短又切中要點，任何理由說明都應該簡要，都應該在下命令之前說出或隨之執行，而且忽略學生的任何異議。

㈢溝通的規則

由熟悉的常規所產生的安全感，使學生能樂在其中，這些常規使學生的活動可被預測，因此比較容易理解其內涵。如同美式橄欖球的擲球線——定義界內或界外的界線，它們都顯示了目標所在並有助於評量進步情形。這些界限提供明確指標，而不至於限制學生選擇完成學習的方法。就像沿峭壁而築的圍牆，規則給人安全感，使學生能探索空間直到邊緣為止。教師應該使學生的探索空間達到最大，而不是給予牢籠般的限制。

學生打破規則的情形，會被認為是學習經驗之一。男孩尤其喜歡探索其所在環境的限制，只有透過打破規則，學生才能學到規則確實有某些意義（Rogers, 1991）。規則的說明更應該是教學活動而非控制，在有效教導學生規則之後，就不需要重複執行規則。以下程序是應該考慮的教學策略：

1. 在最初的幾節課中，有系統地教導規則、常規和處罰事項。

2. 提供規則和常規的示範說明。

3. 給予學生練習和提問的時間。

74

4. 在第一週左右，對規則進行回饋和檢討。

5. 透過學期初的隨堂測驗，查核學生對規則的理解。

6. 當學生適當遵守規則和常規時，就讚美學生。

7. 徹底堅持要學生承擔行為後果。

8. 設計定期和全班學生一起檢討常規的方式。

9. 公平一致地應用規則、常規和處罰。

10. 不時特別強調對規則的服從。

有些教師喜歡和學生討論規則和常規的必要性，這項策略的好處

是，規則背後的理由依據對學生而言會變得更清楚，進而使他們覺得
更想遵守規則。不過，大多數有經驗的教師會一開始就充分應用規則，
這種方式在學期開始時實施是合理的，因為，應該事先實施相當數量
的規則，以便依序進行對規則的討論。對於這些規則的討論，宜延後
到教師已經建立基本架構之後，之後，在更高的動機排檔中，規則就
可以協商，以幫助教師在師生皆同意的一套規則中，達到學生自主的
最佳階段。

　　規則的特色和數量是教師嘗試運用規則時的重要考慮，類似「學
生必須合宜地進出教室」之類的含糊目標，必須被轉譯成更明確的敘
述。學生正確理解學習目標的要求是很重要的，雖然如此，整個重點
應該放在合理的自我控制，而非冗長瑣碎的指令，否則規則太多會太
費事。規則應該是正面的，並且描述適當的行為，應該反映及實踐學
校教育的價值。壓制性的規則往往會促進所禁止的行為；強調期望的
行為則較受學生歡迎。例如，「說話有禮貌」或者「表現良好禮儀」，
而非「勿大聲喧譁」。學童違反規則之後，教師可以說明，為什麼學
生的行為未達到教師的期望，例如對學生說：「如果你大聲吵鬧，我
就會忘記自己說到哪裡。」

　　如果把規則張貼出來，就會很容易參考，也會更明顯適用於每個
人。不論教師是否已進行過相當多的練習，並且一貫地執行規則，當
學生遵守規則的情形不一致時，很可能需要重新考慮這些規則。在有
秩序的氣氛之下，由於對個人的要求很明確且很實際，學生極不可能
表現不當行為。規則的訂定應限定在「不可違反」的少數幾則，更重
要的是，學生愈樂於接受規則，其遵守規則的情形就愈明顯。

　　規則應使學生更有責任感，而責任感不同於過失感。有些教師和

學生認為,當事情出錯時,規則是用來判定誰該負責;有些師生則認為,規則應用是澄清責任和增進參與感的過程。增進責任感的有效方法,基本上應該聚焦在找出值得正面認可的學生。

㈣維持一貫性

學生(甚至成人)為了安全感之故,都需要能一貫執行的規則與常規。人們都能看出以相同次序一貫完成某件事的重要性,例如準備考試。雖然可能被視為迷信,但是例行公事的順序和可預測性,其提供的效益會逐漸增加。我們都遇過別人做事不一貫的情形,也知道它會如何影響我們,因此,學生有不同的能力來應付不一貫的情況。就像受歡迎的公眾人物、受歡迎的教師可能是言行可被預測的人。極重要的是,若教師想要在執行規則方面令學生無法預測,可能會造成學生的重大壓力。武斷多變的管教方式尤其會損壞學生的動機,因為這會造成無助感。

有時,公平意味著以不同方式對待做出同樣事情的學生,其關鍵規則在於,每個人都有權利讓自己的個人狀況被列入考慮。總之,一貫執行規則是學校持續努力卻從未能達到的目標。

㈤角色地位的表達

教師的角色地位不再是現成的,而是必須向每個新團體獲取自己的地位,其方式則大多透過教師的人格特質(Robertson, 1981)。如同其他的社會學概念,權威充其量被視為主觀的互動作用,因為我們期望有權威的人能以某些方式表現其行為。如果陌生人的行為就像有權威者,我們傾向於認定他們有高的地位,因此,為了對新的團體建立其地位,教師必須一開始就表現出自己具有該地位。通常,冷靜的自信象徵高地位的行為,有高地位的教師往往看起來一派輕鬆,並且透

過目光接觸和分享共有的社會空間，來對學生進行控制。

　　有時，教師會試圖藉由威脅和攻擊來建立權威（Bugental et al., 1999）。如果經常使用其他高地位行為的教師，偶爾才運用此策略，這樣做可能有效。但如果經常使用此策略，會被認為是想要維持權威，而且會增加教師權威被挑戰的機會，尤其是來自厭惡被過度控制的男生。因此，高地位的行為不同於支配式行為，在於前者承認而且不擬降低學生的權利和感受。有權威的教師和學生說話的方式就像是和同事說話，他們會避免類似「閉嘴」或「拿走」之類的批評。學生不喜歡教師太嚴格或不夠嚴格，教師必須在這兩個極端之間找到平衡點。

　　有權威的教師會以自信、平靜，以及果斷的行為方式維持其地位。必要時提高嗓門，並不會減損他們的任何地位，但是，因過度強勢或態度專斷而經常嘶吼的教師，會使人認為他們對自己的地位信心不足，而且幾乎是在暗示他們希望自己的權威受到挑戰。為維持高地位，教師必須主導師生之間的對話，如果是由學生操控教師回答問題，他（她）就是以犧牲教師地位為代價而暫時獲得權力。如果全班學生恫嚇教師，這位教師將無法放鬆，也會開始顯示低地位、緊張的行為，然後學生就會控制教師的行為，而非由教師控制他們。

　　肢體語言不只是另一種說話方式，它也是多管道溝通系統的一部分，我們會透過此系統來傳達意義（Bull, 2002）。藉由肢體語言，說話者的部分肢體動作會和說話內容密切同步，尤其是聲調。就個人的自信心而言，姿勢也會透露許多訊息，而且可能對其他人產生情緒反應。教師不僅可以透過輕鬆地站著、坐著或走動，來表示自己是放鬆的，也可以透過從容的說話、輕鬆的姿勢，以及放鬆的面部表情來表示。

三、第二檔——邁向自主

　　建立權威之後，權威宜維持在最低程度，並且擴大學生自主的機會。今天的教學，不再是要求秩序和期望盲目服從的工作。對學生產生影響，更是練習溝通技巧，以及採取權威的、自信的方式彼此協商之工作。學生責任的發展和教師引導學生朝向自主，與學生的動機有密切的連結（Deci and Ryan, 1987）。有控制感，對學生的學習參與有重大影響，尤其對男孩而言。

　　就像稍微扭曲規則一樣，嘲笑及侵犯教師的權威，是共通的學生同儕文化之一，尤其是男生的文化。這些活動有助於維繫學生的自主，而且大多數教師都已合理調整到某個程度。自主支持是指，學生有多大的自由來決定他（她）自己的行為——反面則是過度強制。

　　均等原則已經改變權威的舊結構，領導方式現在也已更新。發出命令然後以處罰來執行，很容易做到；但是相互協調以克服對立和贏得同意，則很困難。要激勵學生，有權威的師長必須被認為有合法性、可信任、有知識，以及令人喜愛。

　　教師應該對學生而非自己的利益，嚴謹以對。事實上，透過使學生對學習的計畫、自主，以及控制的機會達到最大，班級的權力應該盡量和學生分享。如果教師和學生共同分享一些權力，他（她）不會失去權力，反而實際上會因為學生更尊敬教師而逐漸增加權力。

　　班級教學的非正式情境，以及有更多非正式互動的戶外教育情境，會讓師生之間的關係（暫時）更均等。學校的一般課外活動似乎提供更多的參與機會，尤其是提供有意義的參與活動（Masten and Coatsworth, 1998）。課業輔導時間也產生一套不同的師生關係，晨間社團

76

和課後社團則提供「化外之地」，其中教師的角色可被重新商定，對師生福祉的注意也會增強（Nixon, Walker and Barron, 2002）。近年來，隨著資訊及傳播科技（ICT）的進步，學生已變成教師，教師已變成學習者，尤其是手機簡訊的影響。藉由使教師能示範如何應允學生的要求，這類情境提供了能建立信任，以及鼓勵合作的互惠和「互讓」。這些經驗導致師生雙方都了解對方是人。但是有些教師不習慣這類的互動，因為他們懼怕無法重拾權威。然而，當雙方換回原來的正常角色時，學生已經了解他們扮演的角色需要某種權力關係。

(一)幽默的價值

教師表達幽默感，也有相似的目的。能和全班學生分享幽默感的教師，他（她）的教師權威極不可能受到挑戰。有幽默感，表示教師沒有把自己看得太嚴肅，也免於產生浮誇感和優越感。大笑代表信任和對目的的共識，它對軟化可能有威脅性的關鍵訊息是有用的。幽默感也有引起微笑和大笑，使人人覺得愉悅的益處。微笑和大笑能強化人際關係，這表示人人都彼此相處愉快。微笑不可能偽裝，被迫的大笑也很容易被看穿。

四、第三檔——學生的增能

給予學生領導的角色、選擇權、分享的責任，以及做決定的機會，在學習的過程中會強化學生的積極參與及參與感（Deci and Ryan, 2000）。即使似乎是瑣碎的或無足輕重的選擇，都有重大益處，即使大多數的決定都授權學生行使，教師還是必須在界定活動以及示範能力表現的語言和技巧方面，扮演「共同探究者的角色」（Friere, 1970）。

77　　　學生需要幫助，以發展能使他們為學習負起責任之能力，因此，學校會更加安排有意義的機會來接受學生諮詢，不過，學生必須從最初階段就接受訓練，表面的或僅只一次的嘗試，不會有豐碩結果。參與和增能未必相同，參與涉及大量的責任及決定，但只是在相當不重要的部分──例如保持普通教室的整齊，而且往往必須依照教師訂的條件。當依照學生的條件行使時，責任會變得更真實，例如，讓學生問有關學校的困難問題，然後給教師真實的回饋。

　　　教師應該為學生安排機會，使他們能找出自己的學習目標並做出決定。學生會從自由決定下列事項而獲益：安排時間表、學習方法、何時及如何查核品質、何時開始、何時結束、何時休息，以及排優先順序等等。學生需要支持，以產生他們自己對於學習主題的想法。學生的實質參與，是其學習過程非常重要的部分，這可以透過問題解決、角色扮演，以及模擬來鼓勵參與。關於哪些部分最能幫助學生學習，以及教學應該如何改進，教師應該徵詢學生的看法。透過計劃及自我監控可促進自主式（self-determined）學習，而其所需的能力無法在壓迫的氣氛下培養。經常與學生協商，不僅能強化學生計劃及選擇的能力，也能發展學生負責任和預測行為結果的能力。

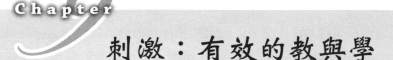

刺激：有效的教與學

考官：比利，你在跳舞的時候，有什麼感覺？

比利：不知道吧⋯⋯剛開始有點不靈活，但是繼續跳之後⋯⋯感覺就很好。我什麼事都忘了，我好像是消失了⋯⋯好像是消失了⋯⋯我可以感覺到整個身體產生變化，就像體內有火一樣⋯⋯就在那個時候，我像鳥一樣⋯⋯飛了起來。不，應該是像放電一樣，對⋯⋯就像放電一樣。

錄自：電影《舞動人生》

本章說明刺激驅力的關鍵部分，包括任務的價值、維持動能的過程、促進學生對學習過程的參與感，以及激發內在動機之活動的特色。

1 什麼是任務的價值？

最常見的動機概念之一，涉及價值，其意是指：學生只有在對該活動有興趣或相信那對他們很重要時，才會被激勵。任務的價值其組成要素包括：

1. 成就的價值：任務表現良好的重要性，以及能使學生確認自我的重要層面之程度。

2. 興趣的價值：當進行一項任務時學生所體驗到的樂趣。

3. 效用的價值：任務對未來目標的用處。

4. 代價：專注從事任務而產生的負面結果，包括所需要的努力程度及預期獲得的感受。

5. 自主性：擁有從所有任務做選擇的自主權，對發展任務的價值而言，非常重要。

這些要素會共同作用，以決定某項任務對個人的價值。在做決定時，任務價值可能特別重要，但不如達到預期該有的表現一樣重要（Jacobs and Eccles, 2000）。這暗示，促進對自我能力的信念以改進學業成就，比過度擔心如何增加學生對於課程教材的興趣更重要。然而，學生是否變得對某件事更擅長而開始重視自我的能力，或者重視自我能力會導致花費太多時間在已有能力的任務上，還不明確。

隨著學生對學業活動的投入減少，對非學業活動的投入增加，其對任務價值的信念往往隨著年齡而減弱，尤其在中學階段的中間年級時期（Anderson and Maehr, 1994）。這不僅表示某些青少年認為，努力對成功更不重要，也表示，由於學生對智能的概念可能有所改變，因此，必須更加努力，即代表能力更差。隨著學生的年齡漸長，他們對於能力的本質之信念，有時會從認為能力是可變的，轉變成認為能力是固定的。如果學生在某些學科的表現很差，並將其歸因於能力低落，那麼他們可能會採取自我保護的立場而貶低這些學科的價值。同樣地，隨著學生逐漸年長，他們會更加比較自己和他人的差異，這會導致產生更低的能力感。如果能力感減弱，自我價值感也可能減弱。

若缺乏願景，價值的益處有限。對自己的未來有正面看法的學生，在學校及一般生活的表現會比較好。願景影響我們的決定及如何應用時間，研究發現，令人信服的和未來導向的願景，是使人們在危機的情況中度過困難的主要力量（Snyder, 1994）。

一、第一檔——維持動能

課堂教學需要組織和計畫，才能激勵學生。在簡短的信號或少數指示之後進行活動之間的轉換，是有效率的作法，學生知道他們該到

哪裡去、應該做什麼，以及需要哪些設備。學習活動以輕快的速度進行，教師就像資深的駕駛，以最大的操控力、最大的速度來開車，而課堂教學似乎是自動進行的。但是，運作良好的班級教學並非碰巧發生，而是來自於持續努力創造及維持教學活動，並且不時恢復能增進有效學習的情況（McLean, 1990）。

學習目標早已明確陳述過之後，課堂教學就應以輕快的起始活動展開。學生事先清楚知道他們要做哪些事，因此能夠預期學習任務的要求。當我們為某項任務預做準備時，會用到前額葉大腦皮質，這是大腦驅使我們行動的區域，若無任何準備，前額葉大腦皮質不會預先啟動，因此，愈是預先啟動，學習表現就會愈好。

以新奇的事物開始一節課，會引起學生的注意；每天的各節課都應以不同方式開始。教師的講述應很清晰，使學生總是聽得見，並且避免使用模糊的、含混的或太困難的語言。如同任何平衡的行動，教學需要動能（Kounin, 1970），例如學生的移動、分組、教學活動的流程等，都很有組織，而且教師的注意力、對學生的讚美，以及學習資源的分配都很公平；對學生的年齡和能力而言，學習的組合安排都應該很適當；各節課教學有不同的活動和教學方法；以及教師也表現出對教學主題和活動的興趣。

學生會從與教師的溝通得到收穫。教師應該對著全班學生講述、增加和學生接觸的整體次數，以及使所有學生習得更多的「關鍵」重點。個別學生與全班學生之間的平均接觸，會比偏重個人或團體的溝通更有益。

（一）發問

教師應使用適當的發問技術，包括：

1. 在點名某個學生之前，先環視所有學生。

2. 透過隨機點名，使學生不確定下一個被點名者是誰，但是要留意別嚇到內向的學生。

3. 經常走近每個學生。

4. 在說出問題之前，不要點名指定的學生，以利所有學生都能專注。

5. 要求自願答題的學生舉手回答。

6. 藉由說出下一個問題很難，而向學生提出挑戰。

7. 要求學生評論或更正所回答的答案。

8. 使用「如何」問句，例如：「你如何知道？」「對這件事，你還會怎麼做？」「你要如何知道下一步做什麼？」這類問題有助於使學生聚焦在自己的思考過程上。

9. 在盡量接受學生的回答時，同時質疑正確的和不正確的回答（向學生說：「對，但是……」）。

質疑正確的答案，會使學生習慣於違反下列期望：教師的質疑必然意味著學生有錯。對「正確答案」的質疑可能意味著：「對，沒錯，但你如何知道這應該是答案？」

81 要學生自己詢問自己通常知道答案的問題，這會令學生發現，他們知道的比自己所想的更多。

女生傾向於必須先確認答案正確，才會回答，因此，雖然她們比男生更有可能知道答案，卻比較不願意回答問題。男生則更喜歡冒險、更喜歡被注意，他們會占據任何的問答活動時間。事先設計問題題目，然後男女生配對或以性別平衡的方式分組，會使這種學習機會不平均的情況減至最低程度。女生偏重反省的風格會調和男生的衝動個性，

而男生所表現的自信也可以鼓勵女生。

教師通常都急於得到其提問問題的答案，他們往往不想等候全班學生回答，只會要求少數學生回答（Black and Williams, 2002），因此，少數學生回答了大多數的問題，而其他多數學生所得到訊息是，他們沒有能力回答問題，甚至也不必試圖回答。藉由把待答時間加長一點，或者要學生分組解答問題，就可以避免這種情況。

㈡負責任

教師事先告訴學生她（他）將會檢查學習結果，以使學生為自己的學習負責。教師運用簡明的、活潑的問題來查核學生的理解，以使學生「保持警覺」，另外，也定期針對學生如何學習及花在學習任務的時間多寡，做重點式查核。

學生有及時完成學習的責任，並且應該被教導如何控制自己的學習速度。教師會花時間檢視學生的獨立學習，以找出有困難的部分並給予協助，而已完成批閱的作業會盡早發還給學生。至於適合個別學生的學習標準，則持續應用下去。

如上所述，第一檔主要是教學的被動傳遞模式（receptive-transmission model），教師是把大多數資訊提供給被動學生的專家，而課程內容則是無可協商的（Askew, 2000）。

二、第二檔──學習歷程的共有感

第二檔需要應用到一套方法，使學生透過參與式學習、答案開放的發問、討論、問題解決、發現學習法等，來建構他們的知識（Askew, 2000）。透過專題學習、實驗、辯論、角色扮演、模擬，以及創意應用，學生就能夠盡量積極參與自己的學習活動。例如，在寫作上有單

字拼寫錯誤情形的學生，藉由應用拼寫日誌來幫助自己掌控學習，同時也讓教師能監控他們的進步；課程與學生的生活和經驗相關；以及，使抽象的內容更具體、更擬人化和更接近學生經驗。

舉例而言，強調學習歷程的方式可以是，偶爾在一節課結束時，要學生撕掉他們的作業，以象徵重點在於過程而非結果。相似地，在某本書的最後部分附上解答，代表答案比過程更不重要。

對態度的監控，例如耐心、毅力，以及充分從錯誤中學習，都需要教師的示範。教師會藉由表達他們對困難任務的熱忱，談到努力工作使他們覺得很滿足、示範如何尋求更有效進行任務的新方法，以及討論自己從錯誤中習得什麼，來對學生展現他們有多麼喜愛挑戰，並且在學生學習時鼓勵學生應用這些態度。

㈠進步感

教師的教學步調輕快，是因為教學準備充分，因此，也有必要給予學生能建立其自我能力信念的進步感。教學產生少數的困擾，是因為教師無法帶來或準備好教具、對下一項教學步驟很困惑、有必要停下來參考教師手冊、教學起頭部分有錯，或者回頭呈現應該更早就呈現的資訊。對於學生輕微的分心，可以忽略，但是更嚴重的不專心，則應該在惡化到干擾教學之前就處理好，不過，處理時不宜採用會干擾教學的處理方式，教師宜走近分心的學生，可能的話使用目光接觸、向這位學生問問題，或者以簡短的批評來吸引他（她）的興趣，例如對學生說：「強尼，你坐下來，我才能看到你。」如此，課堂教學不會無故被延長的講述或其他過度反應所干擾，因為這些反應注意的是分心的學生而非上課內容。

㈡轉換活動

教師在決定何時進行轉換活動時，會很敏銳了解學生的學習進步情形。學生在轉換活動時會得到明確的指示，因此可以避免過度的噪音或移動。轉換活動是有組織的，因此在兩個活動之間沒有「無用的時間」（Kounin, 1970）。當學生提早完成活動時，他們會得到接下來做什麼的明確指示。教師會避免介紹或繼續「轉移注意的事」，會避免停止一項活動、展開另一項活動，然後回到原來的活動；或者，避免開始一項活動，然後就陷在這項活動之中。

㈢激發動機的活動

學生對學習任務的觀感，會影響他們如何從事任務及使用時間。任務組合會給予學生有關其能力的資訊，也會影響他們的學習意願。

當學生有可達成的、具體的、短期的目標時，他們會有樂觀的動機，他們會有信心做出優良的表現，並且會有實際的期望。任何任務若要激發學習動機，學生必須知道自己有可能達成目標。如果學生的期望與其目前能力水準之間有相當正確的搭配，會產生很大的益處。學習活動的目標或目的必須明確，而且被視為適當合理，若有令人信服的理由依據，亦有幫助。

學習任務愈有吸引力，學生愈不會比較自己和他人的表現，學習表現的差異也愈不可能被解釋為能力差異，因此，學生也愈不可能對學業成就形成表現型態度。

㈣促進精熟型態度

最能激勵學生的班級教學，會藉由強調「改進自己」而非「證明自己實力」的學習方式、強調精熟任務而非表現能力，以及強調學習歷程比結果更重要，來促進學生的精熟型態度。這些信念傳達的是，

能力並非固定的,以及學生有足夠的能力學習所教的教材。而教師向學生傳達的則是,每個學生學到了多少、成功有許多方法,以及能力較弱的學生也一樣受到重視。

　　教師應鼓勵學生,要認清自己的長處和短處,把成功歸因於自己的知識、能力和努力,以及把失敗歸因於努力不足或應用的策略不當,而非欠缺能力。教師也應鼓勵學生,要滿足自己的好奇心和興趣而非取悅教師,要獨立自主而非依賴教師。相對於教導學生該思考哪些事物,教師應教導學生如何思考。

　　有些學生會專注於負面的自我對話,這些對話係根據先前的經驗和他人對自己的反應。重要的是幫助學生以正面的自我對話,取代這類的自我挫敗語言,例如,規定學生,若對自己提出一則負面批評,就要再提出兩則正面的陳述。教師有時應該檢核學生的觀點和感覺,理想上,教師是學習促進者的角色,更甚於學科教學者。

83　三、第三檔——內在動機

　　在第三檔中,教師幫助學生在合作和反省的過程中,建構他們自己的知識處理方法和構成自己的知識(Cooper and McIntyre, 1996),包括批判的探究和重新組織知識。教師鼓勵學生之間的對話,而師生之間的關係也更加均等。在這類解放式的課程中,學生就像自主的學習者一般,控制著自己的學習(Grundy, 1987)。

　　當我們只是為事情本身、為興趣,或者為樂趣而做某件事時,內在動機就被引發,這時我們在活動的過程而非之後得到滿足感(Deci, 1975)。學生擅長把自己的學習導向被視為有趣的、有意義的或者相關的學習任務(McCombs, 1993)。能夠引發內在動機的活動具有下列

特色（Lepper and Hodell, 1989）：

1. 相關性：意指對個人而言，學習任務的吸引力達到有意義或有趣的程度。相對於抽象和脫離現實生活的學習，情境化的學習涉及到，能了解所學技能的價值和相關性（Feuerstein, 1980; Haywood, 1993）。學習活動最好安排在有意義的情境中，以顯示學習的根本效用，並善用學生的興趣。

2. 可處理的挑戰：能激發動機的學習任務，其吸引人的程度應達到：挑戰學生個人的目前能力但也允許某些控制。最佳的挑戰任務，是把難度設定在比目前的能力略高一些，使學生必須超越其「習慣區」（comfort zone），但也持有某種程度的控制。這樣的近側發展區（zone of proximal development）就是指，學生能自力表現的能力與需要教師協助的能力之間的發展空間（Vygotsky, 1978）。

3. 好奇：能激發動機的學習任務各式各樣都有，而且透過令人驚奇來引起好奇心。好奇心的產生係透過能填滿學生目前知識落差的活動，同時也有賴於這些活動提供足夠的複雜度，以使學生不一定能確知學習結果。

4. 控制：能激發動機的學習任務，會透過允許選擇和自我決定，來加強對學習的控制（Deci and Ryan, 1985）。讓學生能選擇活動、能參與設定規則與常規，會增強學生的控制感。但是，當學生認為他們的行動與結果沒有多少關聯時，就不會有去做某些事的動機。另外，探索的和操作的活動所具有的樂趣也會帶給學生控制感。

5. 幻想：指定作業的設計要引人入勝到引起幻想的程度，亦即，

創造想像的情境，使個人在其中自由使用成長中的能力。促使
學習者沉浸在虛構過程的這些活動——例如模擬、類似遊戲的
要素，能使缺乏幻想則會很無聊的活動增加意義。

相關性、挑戰、控制、好奇、幻想，所有這五項內在動機的激勵
要素，都出現在遊戲之中，而遊戲是正式學習之前的啟蒙活動。遊戲
是逐漸演進的技術，能拉攏所有內在動機之絃，以增進孩童與其環境
之間的互動。遊戲能幫助孩童發展技能，以及習得與環境相關之資訊
（Lepper and Henderlong, 2000）。任何課程的設計都有必要善用這些
基本的動機。

如果學生發現學習很枯燥，他們應該透過尋求方法讓學習更有挑
戰性、更值得他們學習，而負起產生學習興趣的責任。將上述特點結
合，可以設計出促進能力感、成就感，以及最終產生正面感覺的活動。

(一)「心流」──內在動機的最佳形式

學生在「心流」（flow）的狀態中，會完全沉浸在活動裡，達到忘
卻時間和忘卻活動之外所有事情的程度（Csikszentmihalyi, 1990）。
「心流」就像是只承載著學習的一股流水，就像是「自動駕駛」，就
像是電流──電影《舞動人生》的比利描述他在跳舞時的感覺。在工
作室中全神貫注於創作的藝術家，正在參加戶外教學課程的學生
（Ewert, 1989），或甚至在教室中很高興做著縫紉的低年級學生，都可
以充分說明這種情況。心流的主要特點包括：明確的目標、挑戰任務
與能力水準之間的良好搭配、能力表現達到個人的極致，以及即時的
清楚回饋，它對高峰表現提供了最完整的描述。圖9-1呈現挑戰任務和
能力之間的搭配情形。「心流」可被視為教導學生的理想方式：教師
從內在激發學生的動機，並且利用學生的正面狀態引導其進入學習。

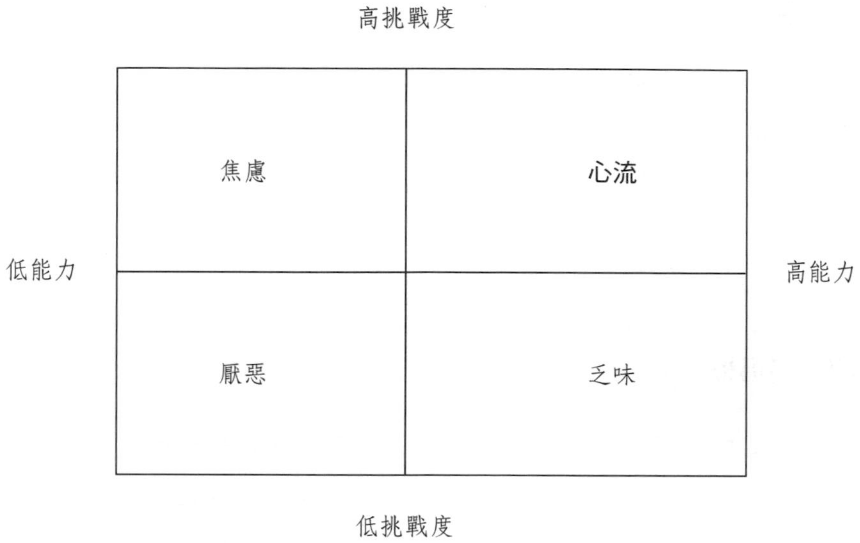

高挑戰度

焦慮	**心流**
厭惡	乏味

低能力　　　　　　　　　　　　　　　　　　　　　高能力

低挑戰度

▷ 圖 9-1　挑戰任務與能力的搭配情形

　　這時，思考、感覺，以及所有感官都聚焦在相同的目標上。我們以深入但不費力的專注方式來行動，此種專注會帶走任何的憂慮和挫折。自我由於產生心流而變得更複雜，因為克服挑戰必然會使個人覺得更有能力。

　　最佳學習經驗的最常見描述方式之一是，時間不再以平常方式流過。大多數人通常提到，時間似乎過得更快，但偶爾會發生相反的情形。在心流的經驗之中，時間感與採用時鐘所衡量的時間，沒有什麼關聯，如果學生在第二節課時必須問：「這是第一節或第二節課的鐘聲？」他們就是在心流狀態。

　　大多數傑出的高成就者，會經常體驗到「心流」。對不積極參與學業、運動或休閒活動的某些學生而言，「心流」經驗的需求可能會透過暴力、故意破壞財物、嗑藥或縱火等來達到。

㈡空白課程

　　關於激發動機的課程，筆者尚未提到的重要特色之一是，空白課程或無教學活動的各節課。由於必須使滿載的課程同意挪出時段，學校很少出現空白課程，但是「乏味的時間」非常重要。這是能讓學生做白日夢、喚起內在資源的唯一機會。長期而言，這些機會對學生的發展，也許比持續的學習活動更重要。

四、倒退檔

　　許多專題學習活動的模糊性，都可以舉例說明無法提供上述特色的學習任務。尤其對許多男生而言，他們發現寫作課是折磨和苦工，也看不出上寫作課有什麼道理。

　　另一個降低學習動機的常見例子是，學生被要求完成同一任務的幾個例題，例如做完二十題分數改成小數的題目。雖然學生可能剛開始對這項任務會有興趣，但他們會覺得，做完大量的相同任務沒有什麼意義。對有特殊學習困難的學生而言，這種重複練習尤其令人討厭，因為他們發現，重複的任務使人精疲力竭。

　　敘事過度（narration sickness）是另一個例子，這產生自教師全程講話、學生全程聆聽的情況（Freire, 1970）。要求學生自己思考事情的學習任務，比依賴表面策略和短期目標的表現導向任務——例如照抄或填鴨式學習，更吸引人（Anderson and Maehr, 1994）。

　　相對於在學生成長過程中轉換的、肯定學生的「提出問題」式教育，過度指導學習或 Freire 所稱的「儲蓄法」（banking deposit method），會強化學生對自己的宿命觀（Freire, 1970）。

透過回饋而學習

> 本章涵蓋回饋驅力背後的一般原則,所包括的應用策略有:應付失敗、如何提出重要的回饋,以及運用懲罰、申誡、酬賞、讚美等。結論部分則探討開放式回饋的氣氛和鼓勵作用的本質。

1 什麼是回饋?

學生被評量的方式,可能是影響動機心向最重要的驅力。學生如何看待任何評量之意義,尤其重要(Kamins and Dweck, 1998)。回饋除了有其他目的之外,教師對學習的假定,也形塑了回饋的目的(Askew and Lodge, 2000)。給予學生回饋,其目的有多方面,包括:

1. 表示滿意或不滿意。

2. 控制。

3. 給予認可、鼓勵和肯定。

4. 提高對自我能力的信念。

教師的目標可能在使學生服從、理解、有自信或有動機。如果目標是在激勵學生,回饋必須提供有關表現良好事項的資訊,以及評論有助於達到成功結果的學生行為和能力。回饋應該總是針對學生的利益而提出,不應該只是為了使成人的感受更好;回饋也應該對於學生的表現,提供正確的、可信的和相關的資訊。在學生辛苦求取成功之後,告訴學生他們很擅長某件事,並不能提高學生的自我效能,但提供判斷進步情形、修正錯誤,以及改變努力方向的相關資訊,對於朝向某個目標求取進步極為重要。

學生收到的回饋，對於他們在學業成就方面的態度有直接影響，例如，類似「我對你們學得這麼慢，很失望（或者，我很高興你們這麼聰明）」的整體回饋，或者對能力的回饋，都有助於鼓勵表現型態度。當著自己兒子的面和教師討論時，說出對兒子感到「失望」的母親，顯然對於這會對孩子的學業成就態度產生多深遠的影響，沒有多少概念。收到這類回饋的學生可能會增強自我評斷的態度，進而對批評產生不好的回應。另一方面，對具體策略的回饋——「你很努力學習」或「你做得很好，能想出解決問題的其他方法」，傾向於能促進精熟型態度。有助於形塑學生學業成就態度的能力信念，其本身即帶有動態的性質，很容易受到所收到的回饋類型影響。

2 應付失敗

就像賭博的結果輸贏參半，就應付失敗和因應進步而言，學習也是如此。成敗是主觀的狀態而非客觀的事實，對挫折的回應就像路上的分岔口，不是導向繼續努力就是導向放棄（Thompson, 1999）。它也像分水嶺一樣，成功和失敗不會漸漸融為一體。更精確地說，堅持的態度往往會突然被放棄所取代。

88 覺得自己的能力惡化，尤其會減低動機。這說明了為什麼有些人儘管技能相當高，卻突然停止參與運動之類的活動。

學生對於教師如何處理其學習失敗的深刻體驗，對形塑學生的終身學習態度非常重要。成人對決定性時刻之記憶，會形塑其學習態度，同時也必然連結到教師如何表達關鍵的回饋，或者處理他們的學習失敗。

　　與成功相比，失敗產生更大的、更長期的影響，它會引發壓力荷爾蒙的可體松，使我們覺得焦慮、害怕、筋疲力竭。失敗會減緩心跳，從內臟流出的血會帶給我們「頹喪感」，我們的肌肉會放鬆，然後對四肢失去控制，神經傳導物質會停止傳輸以保護腦部，而這種化學反應的設計，在確定我們不會再次犯同樣的錯誤（Winston, 2002）。

　　對失敗的解釋可以是「進步導向」並敞開通往進步的大門，或者「接受失敗」然後關上迎向進步的大門（Clifford, 1984）。教師不能也不應該使學生和失敗隔離，因為失敗有助於判別成功的價值。在建立自我效能感方面，失敗也扮演了重要角色，因此，透過鼓勵學生採取應付失敗的方法，以發展容忍失敗的能力，是比較好的作法。有技巧地結合成敗經驗比「成敗均不沾」的氣氛，更能有效刺激學業成就。再者，失敗的經驗可被用來激發已經成功學習過的學生。

　　雖然對失敗之理由的正確回饋，總是比目的在維持學生自尊的「假」回饋來得好，但仍有必要很謹慎地給學生回饋，並且把失敗與其成因連結在一起，尤其是連結到例如努力程度不足和策略不當等可控制的因素。以這種方式，回饋會形塑樂觀的歸因，並且提供有鼓勵作用的資訊來增進學生的自我效能。教師的批評是比眾人所知更有力的武器，而且對於學生的自我能力感是最常見的威脅力量之一。就如一棟房子，拆毀比建造的速度更快。

　　雖然過度的批評令人討厭，若批評所傳達的信念，是學生更努力表現就會更好，適度的批評就會激發動機。適度的批評可以讓學生了解課堂教學的價值，以及提供朝向目標進步的基準。在嘗試過其他方法之後，明智又平衡地與正面回饋一併應用適度批評，其效果最佳。

　　教師對錯誤答案的反應，會對學生送出強烈訊息——有關錯誤答

案的本質及學生在學習上的角色，因此，教師必須鼓勵學生把答錯當作有用的學習機會。快速訂正答案對促進學習的幫助不大，錯誤是學習的必要部分，而且也提供關於學生如何學習的資訊，答錯不一定表示學生懶散或能力不當。

教師必須監控學生由失敗經驗而產生的焦慮程度，對受到挫折的學生而言，導致失敗經驗的課程內容應該加以減少或替代。學生在發現自己的能力及設定適合的實際目標方面，應該得到幫助。重複的失敗經驗，不利學生對自己的能力做出合理預估。

一、因應失敗方式的影響因素

了解學生的動機心向和自尊，有助於管理學生的失敗經驗，因為心向和自尊使學生能理解及處理失敗經驗。

對認為能力固定的學生而言，失敗可能被視為是對其固定智能的評量結果，因此會引發不好的反應。對認為能力會漸增的學生而言，失敗可能意味著他們尚未找出進行學習的最佳方法，或者他們需要更努力嘗試。

89

有精熟型態度的學生把困難視為挑戰，而且能有效因應錯誤。這類學生將失敗看成是單一事件，表示他們必須更努力嘗試或以不同方式學習。相反地，有表現型態度的學生，傾向於以自我批判的方式對錯誤做出反應，並且相信犯錯是無可避免的。

因懼怕失敗而引發動機的學生，會因為失敗而責怪自己欠缺能力，但卻極少把成功歸因於自己。有「習得的無助感」之次團體，會過度把負面的回饋同化到認為自己無用的看法之中，而且把他人提供的協助看成是認定他們缺乏能力。一再把失敗歸因於穩定的、內在的、無

可控制的，以及整體的因素，即暗示認定失敗無可避免。

　　學生做出自覺無助的反應，其根據的想法是，失敗超出個人的控制能力，而且會迅速導向自責、毅力不足，以及學習表現惡化的情況（Diene and Dweck, 1980）。試圖改變規則、變得不專心或放棄所學，都是無助感的症狀，學生可能會失去對策略應用的判斷力，而導致胡亂猜測答案。有無助感的學生會把困難視為如此無法克服，以至於即使只需要一點點能力時，他們也無法讓自己有效處理問題。負面的自我對話原本就很常見，如果失敗被視為是個人整個自尊的評量結果，這類絕望的反應更有可能產生（Thompson, 1999）。因此，學生會把太多時間花在擔憂而非專注於任務。

　　另一類次團體——有強烈表現型態度和低能力信念的學生，尤其容易受到為保護自我價值而逃避失敗的螺旋式過程所傷。當預期的失敗會被歸因到自我的重要方面——尤其是低能力，以及在沒有藉口可自我擺脫時，類似找藉口或不努力等自我失能的自我價值保護方式（Thompson, 1999），會支配這類學生的行為。

　　有負面自尊的學生，在應付失敗方面有特別的困難，由於他們假定所受的批評可能是對的，因而無法忽略或不考慮這些批評。有真正自尊的學生，比起那些自尊脆弱、受失敗經驗威脅的學生，更不容易被失敗所阻礙。對後者而言，教師所做的任何批判式回饋，都必須提到正面部分來加以平衡，並且再次確認問題可被補救。教師把不滿意學生的學習和學生本身區隔開來，是極重要的事。相對地，對於自尊高的學生，教師的批評方式必須考慮學生不在意自己缺點的程度（他們認為自己的缺失不重要），以及強調這些批評是有正當理由的。

二、倒退檔——有破壞力的回饋

當回饋超出範圍、批判過度、與學生的思考無關，以及未提供任何改進的對話或建議時，無助的或「造成傷害」的回饋（Askew and Lodge, 2000）會摧毀學生的自我動機。教師自己的主張則會過度驅動這類回饋。

㈠有破壞力的批判式回饋

1. 公開比較：若有公開評量學習、評分標準嚴格或強調競爭等情形，或者對學習結果的強調重於學習過程時，負面的回饋最有可能損害學習動機。結果導向的學習會促進表現型態度，因為此種導向強調正確性、全無錯誤，以及符合常模的成功。

2. 無關的回饋：在形塑學生對失敗的歸因方面，回饋扮演極重要的角色。無關的回饋是指不在學生控制能力之下的回饋（Berglas, 1985），因為這類回饋並非視學生的表現而給予。相反地，其依據是學生歸屬的特質和角色地位之類的特徵（例如，班上的討厭人物或教師愛徒），或者由教師所設定但學生不知道的規準。這類回饋會視教師的心情而提出，包括了對學習表現而言是假的或不當的回饋。相似地，未對學習表現的具體部分有足夠細節評述的粗率回饋，只是告訴學生他（她）出了錯，但對於如何改進並未提供任何線索。例如，常模式評分法只提出排名順序，除此無他。另一種無關的回饋把成功歸因於不相關的特質，例如運氣好或良好的人格。每一種無關的回饋都無法讓學生做出有用的歸因，因此無助於發展任何的自我效能感。它並未使學生知道自己做了什麼或需要做些什麼以達到成功，

90

而是讓學生覺得不確定。

3. 含糊的回饋：即使教師不以文字表達批判式回饋，教師的不滿意還是可以透過皺眉頭、手勢、表情等等來表達，或者也可以只透過避免彼此接觸。這時，學生知道教師不滿意，但卻不知道為什麼、該怎麼回應。因此，回饋必須明確而且表達完整，否則，不予回饋常被假定是不好的回饋（Butler and Nisan, 1986）。

4. 灌注情緒的回饋：灌注情緒的回饋會使已婚者無法彼此教導，例如學開車，而其常用詞為「總是」或「永不」之類。會產生情緒反應、提高自我防衛的用詞，都應該避免，類似「有時」和「也許」之類的不確定詞則比較適當。給回饋時宜限定在明確單一的問題上，並以最具體、最近發生的實例為焦點。如果遇到學生產生自我防衛的行為，教師一定要當場處理，因為累積更多這類的回饋，會使情況更糟。

5. 輕率批評：反映學生某些特質或學生整體特質的輕率批評（例如，「你是個自私的小孩」），隱含著排斥學生的威脅口吻，並且會強化學生對挫折的無助反應。這些反應包括自責和自認無能力。學生可以接受對他們行為的描述，但會認為對特質的描述帶有威脅意味，例如，「得了，你只是胡鬧一通」的講法會比「你真是個麻煩人物」更容易被接受。

㈡間接的批判式回饋

雖然只有很少數教師會刻意告訴學生，他們的能力很低，但是這項訊息會不經意地透露，尤其當教師試圖保護學業失敗學生的自尊時。教師會以四種常見的、看起來是正面的方式，不經意暗示學生其能力

低落：

1. 對學生的失敗表達同情：就教師在課堂上針對學生能力所表露
的所有微妙訊息而言，情緒性的反應可能是最重要的。如果教
師的反應是生氣，即暗示教師認為，導致學生失敗的是可控制
的因素，並可推斷教師也認為學生要自己負責，他們接下來要
更努力或不努力都行。另一方面，教師的反應若是同情學生，
則表示學生的失敗被歸因為能力低落，而且無可避免，因此學
生不必為自己的失敗負責。同情會激發幫助學生的動機，生氣
則引發對學生的不滿意和不予協助，但是出於同理心的反應，
則可避免給予學生任何情緒的暗示。

2. 對易得的成就予以讚美：與學生的成就連結時，讚美會增進學
生的自我效能感。但是不考慮學生的表現就給予讚美，可能表
露對學生的期望低並因此損害學生的自我效能感。當學生相信
學習任務很簡單時，包括了評價學生努力在內的讚美（如：
「很好，你一直都很用功」）都在表示學生的能力不足，而且
使學生覺得教師若非不了解他們，就是給他們的評分太高。讚
美而不責備，會導致低能力的歸因，但是對學習品質的批評，
則暗示了教師對學生的高度期望。

　　恭維別人可能會使我們在同事之間很受歡迎。恭維有用，
是因為大家都知道那就像是打打鬧鬧一樣的遊戲，只是令人覺
得好玩而已。對學生而言，他們分辨得出表面上看起來像真讚
美的假讚美，因為學生的情緒偵測雷達會測出導致不信任的虛
情假意。

3. 無益的協助：對比較敏感的學生而言，受到教師的幫助意味

著，其遇到的困難是由低能力之類無法控制的因素所造成，而任由學生繼續失敗則暗示，學生的失敗是由努力不足的可控制因素所導致（Graham and Barker, 1990）。這點說明了，為什麼有些學生在受到教師幫助之後，反而破壞了他們的學習。教師可能會透過提供答案而太早介入學生的學習（Brophy and McCaslin, 1992）。因此，重要的是區分「探索」之類的「工具式協助」和直接提供答案的「不必要協助」。

4. 提供容易的學習：教師會傾向給某些學生容易的學習活動，以利他們能夠完成，進而得到成就感。此種方式必須謹慎應用，因為它會不經意地增強學生的無助感。教師的角色不是把成功的結果帶給學生，而是讓學生能掌握成功的機會。

㈢減損讚美的效果

讚美的益處可能會被下列幾種方式所損害。例如，當受挫的教師告訴學生，他們不一定有良好表現時，教師採用「嗯，但是」的常見回應方式問學生：「可是，你們為什麼無法維持那樣的表現？」

出自限定語、非完全好話的讚美——例如提到「但是」和「為什麼」，會把讚美扭曲成批評。以嘲諷方式說出讚美，則是造成負面效果的另一種方式，例如「別告訴我，你真地善待你的鄰居」之類的評論，或者告訴蹺課後來上課的學生「你真好，順道來拜訪我們」。這些都會否定讚美，尤其對「習慣」負面評論又把批評放在心上、沒有安全感的學生而言。另一個常見的惡意讚美是嫉妒的讚美，例如，教師向學生坦白：「顯然，你們似乎讓某些老師印象深刻。」

三、第一檔——有建設的批評

在第一檔中,教師控制所有的回饋,並將資訊提供給被動的學生。在此檔中,回饋是教師在單向溝通系統中給予學生的「禮物」(Askew and Lodge, 2000)。它往往是評鑑的,指向學生表現和教師期望的結果之間的落差,而且學業進步的評量完全操控在教師手上。如果評量的標準明確,對於依據標準訂定的進步情形也盡量具體說明,這種回饋方式會最有用。

批判式回饋應該從學生的長處及正確的表現開始,並以其為基礎。教師應該透過對學生整體表現的正面評論,以及分析學習情況的困難所在,幫助學生對回饋做出正確判斷。理想上,批判式回饋應該謹慎從事,並且考慮到下列問題:

　　1. 哪些是最重要的重點?

　　2. 使學生了解這些重點的最佳方法是什麼?

　　3. 要提供多少回饋才合適?

　　4. 這些回饋要分成哪些可處理的細節?

　　5. 什麼是陳述回饋之用意的最佳證據?

　　6. 哪些因素能使回饋平衡?

　　7. 回饋應該公開或私下給予?

教師應該避免隨意批評學生或讚美學生,這類建議忽略了情境在決定訊息意義上的效力。同情心、大量讚美、最低程度的批評,以及協助的行為,都是減輕學生被失敗打擊的有用策略。但是,無益的協助、同情、過度的讚美,以及容易成功的學習,都會因為暗示學生的能力低而減損學生的能力感;教師以明智、平衡的方式,把適度生氣、

批評，以及相對忽視和正面回饋一起應用，可以指出學生需要更加努力。如果對學生的批評所表達的是，相信學生更努力就可以表現得更好，並且告知學生課堂學習的價值，那麼謹慎說出的批評，會激發學生的學習動機。

(一)處罰

通常，處罰的目標至少是下列一項：

1. 嚇阻：處罰的目標在禁止學生未來產生類似的不當行為。
2. 改善：處罰的目標在幫助學生了解，他們的行為無法被接受。
3. 報復：正義的伸張在於，使不當的行為隨即受到應得的懲罰，這樣才能滿足人們的報復需求。

在學校的政策中，處罰所扮演的角色常常不明確。當然，學校有處罰學生的政策，會使教師覺得好過一點，然而只有極少的證據顯示，處罰還有更多其他效果。充其量，它只是顯示有些學生的行為是無法接受的。在最壞的情況下，它會成為耗時的方式，讓行為表現不佳的學生更惡劣，尤其是男生的行為。處罰往往是短期的治標策略，能達到的長期效果很少。使學生隨時會被查核，比任何處罰更有嚇阻作用。

處罰的主要意義，可能是滿足我們尋求報復的情緒需求。教師會體驗到，學生欠缺紀律對教師的自尊是一種威脅，而班級的公開情境，會使個人有受到輕視的情形很難被忽略。覺得被羞辱、覺得自尊被攻擊，會使教師產生強烈的報復欲望，以平衡失落的情緒和阻止其他學生重複教師不想看到的行為。報復的整個重點是使人難過，而非出於想使學生表現最好的一面。

處罰的無效應用不是沒有產生效果，就是在某些狀況下反而再度鼓勵學生的不當行為。處罰有時就像是抱怨，會令你覺得好過些，但

不一定會導致改變，其負面的副作用包括：

1. 憎恨、反抗、退卻。
2. 示範對衝突和部分霸凌行為的憤怒反應。
3. 無法教導學生教師指示要做的事、無法要求學生任何事情、無法鼓勵自我檢視，也無法改變學生的想法或感覺。
4. 使學生為錯誤付出代價。
5. 重點放在過去。
6. 強調外在的控制。
7. 如同害蟲防治的結果，益蟲和害蟲都會受到影響。

輿論對霸凌問題的關心，已轉變成檢視學校文化的催化劑（McLean, 1996）。如何處理霸凌問題是學校很大的挑戰，因為對學生不當行為的傳統處罰方式已不適當。學生從大人身教學到的比言教來得多，因此，處罰會強化認為權力最重要，以及強制是可接受的「速效」策略之想法。強加在學生身上的教師權威很近似部分的霸凌行為，亦即，違背個人意志蓄意濫用權力而造成傷害。教師善用權力和濫用權力之間只有一線之隔，對霸凌的學生而言，處罰意味著：「你把你的力量用在傷害同學，我也用我的權力來處罰（傷害）你。」的確，有些人主張，這種師生互動模式促進了某些學校的霸凌文化，由於學生不願意投訴，此種互動模式形成霸凌者心中的怨恨，並導致霸凌情形的惡化。

有些教師有時不提出適當的警告，就使用處罰來強調他們的權威。雖然有些突發事件應該立即實施處罰，但是保守地使用處罰通常是更聰明、更有效的作法。強調處罰，有可能會逐漸損害師生關係的品質，有時，教師會自然而然將干擾教學的行為解讀成威脅教師權威，然後

以控制式介入策略來回應，而事實上，教師遇到的問題只是學生之間的衝突而已。在此種情況下，調解學生之間的衝突也許是比處罰更適當的教學策略。

㈡有效的處罰

以下條列應用處罰的準則：

1. 與正面策略結合的處罰最有效。為幫助學生未來有更好的表現，首先，我們不應該使學生覺得他們自己很糟。

2. 處罰的類型及程度應符合學生的不當行為。當處罰合理取決於學生的行為，而且很公平時，處罰的效果最大，因為學生能看出自己的行為與行為後果之間的連結。處罰不應該損及任何有助於維持學生動機的學習興趣，同樣地，把學習任務視為處罰，或者使學生放棄所學的課程，都無助於維持學習興趣。

3. 盡量在學生出現不當行為之後即實施處罰，處罰的效果最大。不當行為和不愉快的行為後果之間會因此有直接的連結，但這並不表示延遲的處罰是無效的，預期將受到處罰，對學生會有某些直接的效果。

4. 如果教師想被看成是公平的人，他（她）必須對違規的學生有一致的處罰。處罰不一致會造成令學生感到挫折的「師」威難測心態，進而導致其測試教師底線。但是，處罰還是必須考慮到個別的情況。

5. 處罰的明確性比程度更重要。由於任何行為後果的效力主要都來自其明確性，處罰的效度並不依賴處罰的程度而定。因此，把處罰分為更小的部分，可增加處罰的次數，例如，學生若排名最後，會降低十個、五個、兩個名次不等。

6. 處罰必須令學生厭惡，以免助長不當行為。在某些情況下，處罰可能會發揮酬賞的作用，然後不經意地增長不當行為。要求其離開教室或學校，會使不滿意學校的學生樂於免除學習任務，或者增加他們在同儕之間的地位。

7. 處罰不必公開實施。處罰應該個別實施，應該使教師對學生的不當行為有低調回應的機會，而非在全班學生面前回應。

(三)訓誡

訓誡帶有警告的意味，目的在中止學生不專心學習的行為，以及免去實施處罰的必要。以下所列特點可能會增加訓誡的成效：

1. 少量使用，訓誡才會有效。經常使用訓誡，很可能會被學生視為嘮叨。

2. 訓誡學生必須針對特定的行為，而非根據一長串列出的學生錯誤行為。訓誡必須強調對學生行為的不滿意，而非對學生個人不滿。

3. 訓誡必須正確針對學生應負責的不當行為。教師應點出個別的學生。連坐式訓誡全班學生，會惹惱不相干的其他學生。

4. 必須從對教師的影響來界定問題，而不是聚焦在學生身上。例如，教師說：「當這件事發生時，我覺得很生氣，因為每個人都被拖累了。」這類的「我訊息」（I messages）表達的是教師的感受及意圖。「你」訊息往往帶有責備之意，例如：「你持續下去，會一直拖累每一個人。」

5. 訊息內容必須明確陳述被違反的規則。

6. 訓誡的話必須清楚、肯定、有自信，以避免暗示請求學生合作。教師必須冷靜說出訓誡的話，可以事先停頓以集中思緒。

94

7. 教師必須尊重有禮地對待學生，以利學生重視教師的不滿。

8. 訓誡必須以解決問題為焦點，詢問學生應該怎麼做而非為什麼現在這麼做。訓誡的話應該包括學生未來該如何改進。

9. 讓學生全神貫注靜靜接受私下的訓誡，會比公開的大聲介入管教更有效，因為前者比較不會激怒學生挑戰教師。

㈣讚美

由於受其固有的優點和假象的簡約所吸引，愈來愈多的教師開始接受讚美的文化，因此，對讚美的深度分析可能會有益處。事實上，給予學生讚美是比乍看之下更複雜、更微妙的歷程，尤其處在布滿情緒地雷的班級之中。為有效使用讚美，教師必須檢討學生對讚美的反應，特別是學生如何理解讚美的重點，以及如何用以說明自己的進步情形（Brophy, 1981）。

雖然大多數教師都認同讚美的需要和益處，但實際上，教師並不如自己認為的常常讚美學生（Brophy, 1981; Merret and Wheldall, 1990）。整體而言，教師對學生表達滿意和不滿意的情形一樣多，而且讚美學業表現多過於讚美人際互動表現，因為後者引起教師的不滿意較多。教師對其所滿意的學生行為往往視為理所當然，因此不加批評，雖然大多數學校渴望建立讚美的文化，但實際上，研究發現，課堂中出現的讚美不是偶發的，而且一般的讚美多過於特定的讚美。這些讚美往往更依賴教師對學生需要激發自尊的看法，而非根據學生的實際表現或行為。

隨著學生年齡增長，讚美往往失去一些效力。較高年級的學生可能會把讚美詮釋為故示親切，以及暗示教師的低期望。一般而言，讚美似乎對較年幼、較不成熟，或者仍想取悅教師的學生最有效。對年

級較高的學生，真誠公平評述學生能力的口頭讚美方式，效果最好。

源自拉丁語「評價」之意的讚美，是評價的方式之一。其原始意義是表示物品的價值，控制型和肯定型讚美之間只有一線之隔，而後者不容易提出（Kamins and Dweck, 2000）。不當的讚美很快會被學生視為教師高人一等、說法不正確或心懷怨恨，而拒絕接受；控制型讚美則可能導致依賴讚美的順從（Hanko, 1993）。

如果教師要敷衍了事，讚美聽起來會很陳腐、缺乏自發性。可信度和真誠度是讚美的要件，否則讚美會像空洞的抱怨或不得體的禮物一樣，令人不悅，這兩者都顯示對受方未真正了解或未真實評價。私下讚美的益處是，其價值並非以貶低其他人為代價。過度的讚美會迫使學生達到讚美所暗示的高期望，或者迫使學生下次要表現得更好。其實，讚美應該聚焦在眼前的學習任務上，而非連結到未來成就的學習表現。

當讚美威脅到低落的自我價值觀時，有些學生會無法應付受到的讚美。自尊低落的學生習慣於符合其自我看法的負面回饋（Swann, Pelham and Krull, 1989）。事情產生好的結果甚至會損害低自尊者的心理健康（Brown and McGill, 1989）。因為，若已被認定是無用的人，與此相反的證據會使此人苦惱和難以處理。即使是負面的自我認同，也不會比陷入分解危機的自我認同更教人苦惱。對於這些學生，最好能間接說出讚美，例如：「那已經很好，但你可以做得更好。」更適當的是詢問這類學生，他們對自己的表現有什麼想法，然後對他們的自評提出意見，而非急著提出誠心的讚美，卻被學生的不領情而惱怒。

㈤有效應用讚美

以下列舉應用讚美的準則：

1. 坦誠正確很重要，不然讚美可能會變質成空洞的抱怨。

2. 讚美的效力可透過微笑、目光送出的善意，以及輕拍背部的動作而增強。

3. 私下讚美的益處是，讚美的價值並非以貶抑其他學生為代價。

4. 對高年級學生而言，真誠公平評述學生能力的口頭讚美方式，效果最好。

5. 讚美的話應該強調學生的努力及其所用的有效策略，應該聚焦在他們的學習歷程，而非學習的結果或能力。

6. 讚美應該具體明確，以利學童能了解為什麼自己被稱讚。類似「很好」、「做得很好」之類的一般評論，效力較差。

7. 間接讚美。對男生而言，間接說出或私下默默說出的讚美，會很有用。

8. 常常給學生小的讚美，會比突然瘋狂讚美更有用；經常小小讚美勝過偶爾大肆讚美。

9. 最好避免類似「但是」、「為什麼」之類的限定語。

㈥酬賞

大多數學生會被滿足感和成就感之類的內在酬賞激發動機；對其他少數學生而言，類似考試結果或公開讚賞之類的主要激勵物是外在的。如果學生對學業以及學校所提供的外在酬賞的興趣不是從內在激發的，糖果或分數之類的物質酬賞會是激勵學生的必要起點，但是這類酬賞會損害學生的內在動機（Cameron and Pierce, 1994; 1996; Lepper and Henderlong, 1996）。

如果學生在引起內在興趣的某些事物上學習效果良好，並且因為學習表現佳而得到酬賞，他（她）依賴這些酬賞的程度可能更甚於興

趣。如果與完成學習不相干的酬賞之類的「附帶好處」構成阻礙，內在興趣的利用會更困難。雖然長期以來得到酬賞一向是學生學校生活的一部分，但是現在已有比過去更廣的酬賞技術，而有些人認為，這些技術排擠掉傳統的學校價值和合理的行為後果。酬賞如同煙火秀和高空遊樂設施，都必須不斷增強才有效果。

學生想要有能力，想要能自我做決定。如果學生認為酬賞會控制他們的行為，他們也許會失去自我決定感（Boggiano, Main and Katz, 1988; Ryan and Deci, 2000）。在現今的學校中，教師通常是設定酬賞標準的人。如果酬賞帶有監督、與他人比較，以及操縱的意味，即使酬賞被認為是為了學生本身的福祉，也可能會造成怨恨。學生的觀感可能會從認為自己的行為是自發的，轉移到認為自己被酬賞驅使，然後學生學到盡最小程度的努力來得到酬賞。如果再也不提供酬賞，就沒有任何事物可以帶動學生學習，學生的興趣便因此降低。一開始的增強作用可能會增加參與學習的頻率，但隨著取消增強，學生投入學習活動的程度可能會比被增強之前更少。因此，外在酬賞有可能會導致內在動機的降低，尤其在學生最初已有學習興趣的情況下。

提供物質酬賞作為學習的引誘物，可能會導致學生選擇更簡單的學習任務（Pittman, Boggiano and Ruble, 1983）。認為動機受外在引發的學生，會表現出與習得的無助感有關的多種特徵。因此，被安置在運用酬賞監控行為方案下的學生，其留置的時間不宜超過必要時間（Lepper, 1981）。除了（或也許）因為此種不穩定的酬賞來源，外向的學生更加依賴教師的批評。學生得到不必要的酬賞之後，可能會變得投機取巧，想要以最小努力換取最大酬賞。恰如其分的學習或行為表現成為得到酬賞的方法，而不是滿足好奇心或發現事物樂趣的方式。

於是，如果教師對他們的最小努力不給予最大酬賞，被監控行為的學生會變得不服從。

㈦有效運用酬賞

關鍵要素不在於是否應用酬賞，而是如何使用。酬賞被定義為特定行為之後所施予的某種事物，而且往往會引發該行為。每個教師都有某種酬賞學生的辦法，這些辦法告知學生必須怎麼做才會成功（Covington, 1998）。酬賞產生的影響，一部分會取決於教師對學生專注對待的風格，尤其教師對學生的獨立自主採取控制或支持的態度。如果是控制的態度，教師給予學生酬賞的方式也是控制型。

運用酬賞的原則包括下列：

1. 每個人都應該被公平均等地對待，透過將酬賞連結到具體明確的行為，這些酬賞應該對所有學生公開。

2. 對於達到共同利益而非自利結果的真實成就或貢獻，應該給予認可。給學生的回饋應該反映學校的核心價值，並作為其他人的行為指引。

3. 不應該在行為發生之前就先強調酬賞，而使得學生不注意行為本身。在學生完成任務之後才說出其未預料到的酬賞，比較不會使學生有受控制的感覺。

4. 口頭酬賞的性質比物質酬賞更偏向於告知，後者更令學生覺得受到控制。

5. 如果酬賞是真誠的，而且順理成章變成師生關係的一部分，將會有最大的成效。

6. 酬賞必須反映學生被增進的成就水準，必須使學生覺得酬賞有可信度、是自己贏得的。

7. 酬賞應該盡快給予。

8. 酬賞的分配不應該出於競爭。

9. 任何酬賞的成效不應該根據規模而定，酬賞帶來的肯定比其規模更重要，透過把酬賞分成更小的部分，可以增加酬賞的次數。

10. 學科取向的和規則相關的酬賞，均具體指明應付出的努力和改進之處，因此能藉由要學生為自己的成功負責而鼓勵學生。

11. 改進學生學習的最佳方式之一是，對學生的更加努力提供酬賞。

12. 永遠不要剝奪學生已經得到的酬賞。

13. 鼓勵物的應用都應該考慮到學生的興趣和性向。

14. 酬賞應該盡快應用。但是延遲的酬賞可用於更高年級、更成熟的學生，因為他們能夠為更遠大的目標而學習。

15. 對小組的酬賞有助於促進正面的同儕壓力。

16. 酬賞不應該損害學習，例如讓學生提早放學。

17. 學習活動可以是很好的酬賞。

四、第二檔——正式的回饋

回饋是鼓勵學生反省其學業表現，以及檢討需要改進之處的方法，有品質的回饋是中性的，就如同教師手上握著一面鏡子，把學生照得更清楚，尤其是看清他們的新技能。回饋對於學生過去的表現提供了「動作重播」的機會，然後討論他們可以改進的地方。在學習方面有告知效果時，回饋的效果最大，亦即，回饋能進一步開展學習（Sadler, 1989）。

　　如果回饋所分享的教師看法是描述的而非評價的，回饋的用處最大。它應該鼓勵學生做出反應，進而幫助學生反省，教師應該鼓勵學生提出改進的方法、採取行動，以及提出他們對自己的回饋。

　　回饋所包含的訊息應該盡量來自學生。教師應該鼓勵學生透過從自己、從同儕，以及從教師身上的許多線索尋找訊息；教師應該個別指導學生評價自己在目標達成方面的進步情形──例如利用學習檔案，並且幫助他們練習獨立的評價；教師應該訓練學生應用其自己的成敗標準，要求學生展現其所學、說明有哪些因素促進其成功或失敗，以及已獲得的新知識和洞見如何影響他們。

　　正式的回饋會強調，透過努力及具體策略而造成的個別改進狀況，因此能幫助學生對進步情形做出樂觀的詮釋，進而使學生認為要為自己的成功負責。當評量的標準很明確，並且顧及評量個別的進步而非常模比較的結果時，這些評量的標準最有用。

　　一有機會利用自我訂正的教材、教科書答案，以及學生分組彼此回饋時，教師就應該給予學生即時的回饋。但是，如果測驗意味著學校教育的目的在使學生成功通過測驗，以及測驗結果代表學生的整體能力或價值時，過度強調測驗會降低學生的學習動機。如果把測驗視為對學生目前能力水準的查核，以利指出學生需要再努力之處，可以避免此一缺失。教師可以鼓勵學生參與決定測驗問題、計分方式，以及相互評分，以提供學生更有告知功能的測驗觀。這類方法強調理解而非求取成功，而測驗只是評量方式，目的在指出需要更注意的部分而已（Black and Williams, 2002）。

㈠復原法

　　責備學生是改變學生的主要障礙，沒有人被推到「過失的泥沼」

之後還能夠有良好的反應。比較有效的方式是把「麻煩製造者」和「討厭人物」之類的咎責標籤，轉換成要求學生為改變行為負起責任，而非認定其有罪，進而要求學生改變現況。對霸凌行為採取「不責備」的方式，是這項實用原則的好例子（Maines and Robinson, 1992; Pikas, 1989）。

比起那些認為自己做了壞事的學生，被迫覺得自己很壞的學生，更不可能修正自己的行為（Tangney, 1995）。他們寧可避開整個情況，或者對所傷害的人覺得很生氣，以逃避自卑感。

98

復原法（restorative approaches）找出了兩種類型的羞辱（Braith-waite, 1989; 2001）。其一是「污名化羞辱」（stigmatizing shame），此種羞辱會排斥犯規者並予以譴責。透過把行為不當的學生貼標籤為無法信任的人，等於是在告訴學生，教師預期他（她）會繼續製造問題。另一種是責備不當行為而非個人本身的「整合性羞辱」（inclusive shame），以利犯規者能有機會重返其所屬社群。為使其獲得自新的權利，教師會鼓勵犯規者表現悔意及修補他們所造成的損害。聚焦在不當行為上是更有效的作法，因為其牽涉到把行為和處罰連結在一起，而不強調學生的個人品性。這會使引發怨恨或報復的風險降至最低，也避免給學生貼標籤，同時，這種方式能教導學生面對自己的行為後果，卻不至於貶抑學生的人格。

沒有學習意涵的處罰只是權威式控制，因此，有必要採取更成熟的方法使學生為自己的行為負責。任何策略的目標，應該是解決問題而非產生責備和罪惡感。近來的主流思想已經從處罰轉移到合理的行為後果及建立解決方案（Rhodes and Ajmal, 1995）。建立解決方案的關鍵原則包括：尋求教育的解決方案而非問題、分配責任而非責備，以

及向前看而非向後看。這些全都在解決問題而非形成罪惡感。

　　行為後果（consequence）是指學生做決定之後的結果，如果這些後果與學生的不當行為有關、施與時能給予學生尊重，以及事先告知學生，其施與將會是最適當的。學生很健忘，例如：在課堂上發給學生一張紙，要學生回家後把這張紙放入筆記本內，其結果可能是學生忘記把筆記本帶到課堂上。因此，合理的行為後果，其目標在把不當行為視為錯誤和尋求某種言行一致狀態，以鼓勵學生恢復正確行為。這些與錯誤決定和不當行為有關，不涉及學生的品性不良。行為後果允許學生有選擇和控制的權利。

　　復原法指出，不當行為會隨著威脅而產生，但這種威脅會因為後來被破除而使每個人擺脫，或者因為出現明辨不公義之事、恢復均等，以及澄清未來方向，而使所有學生有受到尊重的機會。對學童而言，這種情況被視為學習新行為的機會，而這種方法要求學生以最大的合作和最小的受迫感盡早反應，因為修復關係和充實學習在自願的情境下最有成效。

㈡讚美學生的努力而非能力

　　人們普遍假定，讚美學生聰明有助於建立學生的自信。但是，當這類善意的讚美被視為不真誠，或者讓學生有產生優良表現的壓力時，這些讚美可能是有害的。

　　讚美的行為，直接傳達了教師對於學生進步情形的歸因。對能力的讚美可能暗示，學生的成就是因為其個人特質而非他們的作為，這可能導致學生重視炫耀能力而非重視學習（Mueller and Dweck, 1996）。學生可能開始把能力視為可評量又無法改變的事物，這樣會導致學生認為成功等於高能力、失敗等於低能力的相反結果；這樣會使學生無力

理解低能力造成的學習困難，進而使他們在面對挫折時放棄學習。研究發現，教師對女生的能力讚美多過男生（Dweck et al., 1978）。

　　對能力的讚美由於過度強調以能力為焦點，可能會使學生對挑戰其能力的任何事物不感興趣，以至於過度認同自己的成功，進而對失敗感到羞辱。同樣地，對年輕人的美貌給予讚美會提高學生的自信心，但可能使學生過度注意自己的外表，並且對於未再得到這類讚美感到焦慮。

　　大多數教師和家長都認為，讚美學生良好表現的想法很不錯，即使是針對簡單的任務給予讚美（Mueller and Dweck, 1996）。我們認為讚美會給學生成功學習所需要的信心，但是，對能力的讚美就像是給予寬鬆的消費信用，未來會造成財務問題。對能力的信心只有在學生表現良好時才有用，只顧針對個人給予讚美，會錯失評論真實成就的機會。讚美學生的個人特質，可能傳達像輕率批評一樣的訊息：你的表現會作為評價的依據。因此，如果學生的表現很差，他們會把之前的正面評價看成是負面的（Dweck, 2000）。

　　更重要的是，學生要對自己處理困難事物的能力有信心，並且知道，如果致力應用正確的方法就會有進步，尤其在學習過程變得更困難時（Hong, Chiu and Dweck, 1995）。學生的這種表現較可能來自教師讚美其努力，因為這類讚美鼓勵學生專注於學習而非炫耀能力。對努力的讚美也會鼓勵學生，把自己的表現歸因到明顯可掌控的努力（Boggiano et al., 1987）。而其強調的是改進的可能性和能力的可塑性。再者，因努力而受到讚美的學生更有可能認為，失敗意味著自己需要更努力。這些具體說明，給學生的回饋如何使教師透過灌輸而影響學生的動機心向。

　　不幸的是，許多學校把對酬賞努力，當作是對排名倒數者的獎賞，因此低估了努力的價值。如果學生成功學習，教師應該特別關注的是，就學生所做努力及所用有效策略、學習過程，以及如何聚焦在學習任務上並堅持下去，提供相關資訊，而非只提供與最後學習成果或其能力有關的資訊。有效的回饋不只是告訴學生「做得好」，而是持續告訴學生他們為什麼被讚美。例如，教師說：「很好！……你做了計畫，現在你知道屆時該怎麼做了。」讚美只有在其提供的資訊有用處時才有用。如果學生知道 Trojan 是誰，告訴學生他（她）「像 Trojan 一樣勤奮工作」，才能夠激發動機。至於批評，最好能透過讚美學生的學習習慣，區別其行為和個人，這種作法所表達是，教師重視學生的學習，而不是可能引起羞愧或不滿的個人特質。

五、第三檔——公開回饋的氛圍

　　激發動機的氛圍是指，能使交互回饋成為班級生活核心部分的氛圍，而且能鼓勵學生從教師及同儕尋求回饋。教師鼓勵學生彼此評分、思考學習的目標，以及理解優質表現之標準（Black and Williams, 2002）。因此，回饋變得更像是對話（Askew and Lodge, 2000）、更像是影響力的交流（Senge, 1994）。回饋與評價沒有什麼關係，卻和加強學習有關，而教師和學生的角色會定期交換。為創造這樣的氛圍，教師必須從學生身上尋求回饋並保持開放的態度，以利改進自己的教學。教師應該透過對學生提出問題，來鼓勵學生提出回饋：

　　1. 在班上的感覺如何？

　　2. 如果你能改變一件事情，你要改變什麼？

　　3. 教師能做些什麼以改進教學？

　　當教師受到回饋時，應該以中立的態度接納、要求學生具體舉例和提出改進的建議、摘要已講過的內容以查核學生的理解，以及謝謝學生提出回饋。

　　教師可以利用讚美圈（compliments circles）來促進正面回饋的氛圍，在讚美圈中的學生被鼓勵針對特定成就相互讚美。教師每週會對學生提出挑戰，例如找出某篇優質的作文，然後說明它的優點。學生需要這些初步的要點來發展自己的評鑑能力。

100

(一)鼓勵

　　透過讚美對學生表示滿意以使其服從，和透過鼓勵認可學生成就之間有顯著的差異。前者的讚美方式是一種酬賞，學生得到是被教師重視；有許多控制型讚美則教導學生，他們必須取悅成人以得到認可。有些教師只有在學生做出教師認為有價值的事情時，才會讚美學生，這類評價型讚美只有在學習活動結束時才給予，但是教師在任何時間都可以鼓勵學生。

　　相對於設法給予認可的讚美，鼓勵（其拉丁字根「*cor*」的意義是心或勇氣）的目標在藉由培養學生的自我信念，把教學的核心放回到學生的學習（Hanko, 1993）。學生的表現不必完美才配得到鼓勵，因為當學生學習新技能時，他們在每個小步驟上都需要被增強。學生不需要贏得鼓勵，他們可以因為毫無理由、因為做了某些特別的事、因為努力或進步，以及在表現良好或甚至犯錯時被鼓勵。教師欣賞學生、對學生有信心，並且注意到學生的努力和感覺時，就可以鼓勵學生。

　　鼓勵就是肯定，因為它讓學生覺得自己本身受到重視。被鼓勵之後，學生會學到欣賞自己的特質並且覺得有能力。這種對學生學習方面的興趣，會比讚美學生的特質更受青睞。對學生的未來會有用的，不只

是針對學生的學習給予酬賞，而是教導學生價值觀並給予學生信心（Snyder, 1994）。

在幫助學生自我讚許方面，教導學生認可自己的成就，是件重要的事，例如，對學生說：「你一定對自己的專題報告很得意。」可以培養學生對自己所學的正面認可。問全班學生一個問題而很多學生自願回答時，教師可以只要求一個學生回答，但是可以鼓勵所有學生自己讚美自己。表 10-1 摘要讚美的主要不同形式，這些形式和肯定學生的四種排檔是並列不悖的。

▶表 10-1　讚美的四種形式㈠

檔別	讚美的形式	讚美的目的	讚美的目標
倒退檔	虛假的、變質的	擺架子、面質	要求順從
第一檔	有條件的	表示滿意	要求遵守
第二檔	鼓勵的	告知	提高自信心
第三檔	肯定的	肯定	增進自我動機

圖 10-1 進一步就四種班級類型摘要讚美的形式。

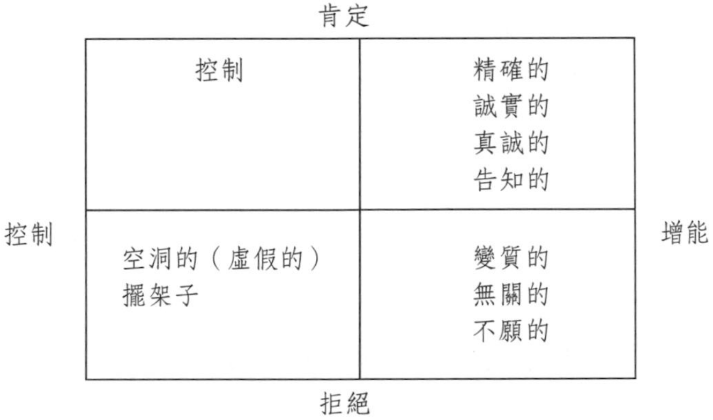

101

▶ 圖 10-1　讚美的四種形式㈡

③ 自我評鑑檢核表

　　這些檢核表摘要四種驅力的主要部分，分類成四種排檔，並作為自我評鑑的工具。

一、專注驅力

㈠倒退檔——製造不安全和易分心的情境

- ☐　理解學生的能力。
- ☐　對學生傳達負面的期望。
- ☐　聚焦於學生的比較。
- ☐　偏愛某些學生。
- ☐　強調「證明自己能力」的教育方式。
- ☐　強調能力是自我價值的主要標準。
- ☐　表達能力是固定的想法。
- ☐　沒有興趣了解學生。
- ☐　不守承諾。
- ☐　從不承認自己有錯。
- ☐　從不傾聽學生的話。
- ☐　不理會學生的建議。
- ☐　應用「恫嚇策略」，透過使學生畏懼或恐嚇學生來激發動機。

102

㈡第一檔——安全感的基礎

- ☐　學生對教師的情緒會產生共鳴或正面感覺。
- ☐　對學生表達正面的期望。
- ☐　透過口語的和非口語的溝通，建立對學生的支持。

☐ 對學生表示，想要認識學生。

☐ 學生問好時會叫出其名字。

☐ 將學習任務設計成學習過程而非評量策略。

☐ 強調努力的重要，淡化能力的重要。

☐ 對教學表示興趣和樂趣。

☐ 了解學生何時會覺得心裡不舒坦。

㈢第二檔——有助於形塑正面自我認同感的班級互動歷程

☐ 在幫助學生選擇實際的學習任務時，會挑戰學生擁有的有限能力信念。

☐ 促使學生覺得自己被認識、被重視。

☐ 創造接納的、非評價的班級氣氛。

☐ 學生使教師有印象，是因為其能力而非其遇到的困難。

☐ 鼓勵學生發展其興趣而非取悅教師。

☐ 鼓勵學生採取「改進自己能力」，而非「證明自己實力」的學習方式。

☐ 強調學生能夠、而且會表現更好的信念。

☐ 重視學生的個別成就而非相互比較。

☐ 鼓勵學生問問題、冒風險探索學習，以及表達意見。

☐ 告訴學生，每個人學習了多少。

☐ 告訴學生許多成功學習的方法。

☐ 承認自己的錯誤並道歉。

☐ 詢問學生的學習經驗，以及哪些方法最能幫助他們。

☐ 重視學生的建議。

㈣第三檔——加強能鼓勵自我決定的教學特色

☐ 鼓勵學生相互給予正面的回饋。

☐ 詢問學生，哪些方式最能幫助其學習。

☐ 冷靜中立地接受來自學生的回饋。

☐ 告訴學生，自己很認識、很了解他們。

二、結構驅力

㈠倒退檔——製造不安全和易分心的情境

☐ 表現優越的態度。

☐ 強調控制，而非學習的目的及目標。

☐ 只是為了紀律和控制的緣故而強調它們。

☐ 強調要學生照老師說的做。

☐ 硬要實施過度負面的規則。

☐ 規則的應用不一致。

☐ 自己都不遵守規則。

☐ 想對學生行使籠統的控制。

☐ 支配學生、貶抑學生。

103 ☐ 透過不提出明確的期望結果，而製造不確定感。

㈡第一檔——安全感的基礎

☐ 提供強烈任務導向的適當教學結構。

☐ 以非控制的方式設立界限。

☐ 強調學習的目的、目標，而非控制。

☐ 把規則和常規的說明，當作教學事項而非控制。

☐ 一致地應用規則、常規和處罰。

☐　使實施規則的理由很明確。

☐　從適當的行為而非禁止的行為，來說明規則。

☐　以明確的教學策略表現權威和實施控制。

☐　透過提出明確的期望成果，將成就中的不確定感降到最低。

☐　行為有可預測的一致性，以利學生知道該期望哪些事情。

㈢第二檔——有助於形塑正面自我認同感的班級互動歷程

☐　在促使學生負責任之時，權威的行使達到最低。

☐　幫助學生為自己、為自己的時間限制等等，設定實際的目標。

☐　強調合理的自我控制，而非許多次要的教學活動。

☐　了解學生的權利和感覺。

☐　盡可能與學生協議學習目標。

☐　與學生協議規則。

☐　表現幽默感，對人對事不會太嚴肅。

㈣第三檔——加強能鼓勵自我決定的教學特色

☐　以最少的權威加諸學生，使學生的主動性達到最大。

☐　建立比較無階級的、更平等的師生關係。

☐　定期進行師生角色的互換。

☐　允許學生訂定自己的規則。

☐　透過賦予學生領導的角色、給予學生選擇，以及分享做決定的責任和機會，使學生的主動性達到最大。

☐　幫助學生發展能力，這些能力使他們為自己的學習負責、使他們能解決自己的問題。

☐　在設定時間表、學習方法、進行學習任務的順序、何時及如何查核品質、何時開始和何時結束、暫停休息，以及排定優先順序方

面等等，讓學生自由選擇。

三、刺激驅力

㈠倒退檔──製造不安全和易分心的情境

☐ 設定無法達成的目標。

☐ 由於含糊不明的結果製造不確定感。

☐ 鼓勵學生設定不實際的目標。

☐ 表現對課程欠缺熱忱的態度。

☐ 無法提供明確的學習目的、個人的相關性，以及內容意義。

☐ 提供學生的刺激和樂趣極少。

☐ 迫使學生偏好容易的學習。

☐ 教學欠缺節奏。

104 ☐ 為學生做所有的事。

☐ 給學生無益的協助。

㈡第一檔──安全感的基礎

☐ 對你的課程表現出熱忱。

☐ 提出清晰的學習目的。

☐ 設定被認為可達成的適當目標。

☐ 強調學習的重要性和用處。

☐ 對於完成學習，以清晰的標準設定具體目標。

☐ 增進學生的知識和理解。

☐ 提供學生刺激和樂趣。

☐ 確保學生有實際的期望。

☐ 像專家一樣地帶領他人，提供資訊給被動的學生。

☐　就無法協議的課程內容做出決定。

☐　在同一時間內，採用因材施教的教材來組織教學活動。

☐　讓學生以不同的分組方式進行學習──不一定是能力分組，以避免學生之間的競爭。

㈢第二檔──有助於形塑正面自我認同感的班級互動歷程

☐　透過多元多樣和驚奇的教學，引發學生的好奇心。

☐　透過創造有想像力的情境，允許學生發揮幻想力。

☐　按照學生的學習風格採用教學方法。

☐　設計最佳的挑戰任務，比學生的能力水準稍高，但還在控制範圍內。

☐　讓學生的表現達到其能力極限。

☐　鼓勵學生透過問題解決、角色扮演、模擬等而專注學習。

☐　教學內容給予學生個人相關感和意義。

☐　使課程與學生的個人生活和經驗相關。

☐　聚焦在學生有興趣的，以及認為相關的、重要的教學內容。

☐　促進學生的能力感、成就感，以及正面的學習結果。

☐　強調學生如何學習，而非查核學生的表現。

☐　幫助學生透過參與式學習和發現式學習來建構知識。

㈣第三檔──加強能鼓勵自我決定的教學特色

☐　幫助學生為自己設定實際的目標。

☐　提供學生解決問題的機會。

☐　示範耐心毅力之類的態度，並且引用學生的錯誤。

☐　幫助學生建構處理知識的方法，並使之成為其自己的方式。

☐　鼓勵批判的研究和知識重組。

☐ 使學生就像自發的學習者一樣，能控制自己的學習。

四、回饋驅力

㈠倒退檔──製造不安全和易分心的情境

☐ 對錯誤表現出不耐煩和挫折感。

105　☐ 過度使用輕率批評。

☐ 太快提出批評。

☐ 強調對學生個人的不滿意。

☐ 給學生不公平的懲罰。

☐ 不知道該處罰誰時，就處罰所有學生。

☐ 把處罰當作個人的事，以至於強調責怪學生並要學生為錯誤負責。

☐ 紀律的運用反覆無常。

☐ 給學生空洞的、不誠懇的讚美。

☐ 對簡單的學習任務，給學生過度的讚美。

☐ 事先強調酬賞，導致分散學生參與學習的注意力。

☐ 利用酬賞來操縱學生。

☐ 就常態的進步來定義成功。

☐ 對學生表示同情。

☐ 回饋和學生的想法之間無連結。

☐ 師生之間的對話沒有範圍。

☐ 對改進學生的表現不提供意見。

☐ 給學生的回饋集中於教師的需求和目標。

㈡第一檔──安全感的基礎

☐ 不事先強調酬賞，不讓學生對學習活動分心。

☐　使酬賞成為師生關係中正常存在的部分。

☐　使酬賞明確並有教育意義。

☐　給予學生有明確目的的處罰。

☐　在學生的行為之後，合理給予公平的處罰。

☐　掌握所有對被動學生的回饋。

☐　進行評量，此評量能針對學生表現和期望結果之間的落差。

㈢第二檔——有助於形塑正面自我認同感的班級互動歷程

☐　說明學生的良好表現，以及有助於學習的程度。

☐　強調能幫助學生對成功學習負起責任的個人改進策略。

☐　鼓勵學生將進步歸因為採用的策略及努力。

☐　把提出好點子的功勞歸給學生。

☐　促使學生把失敗歸因於努力不足或學習策略不當。

☐　不鼓勵「貶損之言」，尤其是自我貶損。

☐　強調對學生行為的不滿意，而非對其個人不滿。

☐　透過把不當行為視為錯誤之舉，鼓勵學生恢復良好行為。

☐　認可學生的努力。

☐　針對學生的最佳表現讚美學生。

☐　將學生的犯錯，當作得知及了解學生如何學習的機會。

☐　在評分之前給予學生更正錯誤的機會。

☐　對學生的失敗，提出合理明確的理由說明和克服失敗的方法。

☐　從學生的長處著眼並以其為基礎，以平衡任何的負面評論。

☐　利用適度的批評，以表達相信學生可以表現得更好。

☐　給予學生讚美及其他酬賞作為鼓勵，而不是為了控制。

☐　尋求師生之間的相互和解。

☐　尋求不會總是回想到過去問題的解決方法。

☐　分派責任以解決問題，而非責怪學生。

☐　幫助學生將理解的內容連結起來。

☐　描述學生的成就而非評價其成就。

☐　就學生的表現分享觀點，以幫助他們自我反省。

☐　鼓勵學生回應。

㈣第三檔──加強能鼓勵自我決定的教學特色

☐　使學生覺得要為自己的學業進步負責。

☐　訓練學生認可自己的學習成就。

☐　幫助學生應用自己的進步標準。

☐　鼓勵學生提出改進的方法。

☐　鼓勵學生對自己提出回饋意見。

☐　使回饋成為班級生活的核心部分。

☐　就學生的表現建立與學生的對話。

☐　少關心評價，多關心增進學生的學習。

PART 4
第四篇

摘要與結論
Summary and Conclusions

Chapter *11* 激發男生和女生的動機

雖然本書已經摘要在激發所有青少年學習動機方面所涉及的一般原則和過程,然而把男、女生之間的一般動機心向及附隨心向的幾項重要差異列入考慮,會是重要的事。因此,某些驅力的應用可能會特別有利於男生,某些則特別有利於女生。

1 男性的和女性的動機類型

在某些重要方面,男生和女生的動機特徵並不相同(見表 11-1 的摘要),這些差異是程度上的,而且性別之間的差異大過性別內的差異。當然,同性別之內的動機特徵有重要差異,而性別之間的動機特徵分類也有很大的重疊之處。

通常,女生有更大的意願配合他人,加上她們對努力工作更感興趣,使她們比男生更能調適學校生活。尤其在動機模式的相關方面,女生的目標與尋求親密關係及被肯定有關。學校的結構、課程、教學方法,通常更適合女生,例如,課程傳遞方式主要是口語的、被動的形式。當然,並非所有女生的學校經驗都是正面的。但是相對地,學校尤其會壓抑大多數男生的學習動機,而且很難激勵男生學習(McLean, 2003)。學校教師發現,因應男生在個別方面和自主方面的需求,特別困難。

女生比較不需要外部的結構,因為她們可以自我約束,例如,訂定自己的規則。男生比較容易產生與受控制有關的行為問題,而女生則更可能有過度控制自己的個人問題,例如飲食問題。男生重視自己

▶表 11-1　主要的性別差異

	女生	男生
自我認定	依據人際關係和團體成員關係	由男生的特質決定，但也視團體成員關係、與大團體或集體的關聯而定
動機	與他人連結程度、其他人的認可、與他人一致、適應他人的程度	個別性、凌駕他人的權力、自主與控制、地位
目標	責任目標、平衡的多元目標、普遍的利益	理想的目標、個人的地位、集中的興趣
對成就的態度	熟練、對努力學習有興趣、為成功而追求成功	受表現或受自我推動、尋求能帶來認可的事物
面對失敗	習得的無助感、個人的歸因	找尋外在理由來保護自我價值、透過不學習而自我失能、製造麻煩、拖延、目標定太高或太低
自尊	依條件而定、願意服從、實際的、適度的、易受批評影響、過度吸收批評	膨脹的、只對領導者所想的有興趣、不切實際的高度期望、忽視他們自認不重要或不符合自己的缺點、誇大獨特的能力、愛冒風險、尋求注意
同儕團體	非層級的、帶有親密友誼和合作的特徵	層級的、好鬥的、為地位互相競爭、避免顯露弱點、不求援助、重視對團體的忠誠、重視集體能力

的個體性和能影響他人的權力，但是女生重視的是與他人的親密關係和得到認可。不論男性做什麼事，他們總是喜歡爭第一名，男生的最大需求是，透過結構得到增能而促成自主的需求，但對女生而言，其最大需求是透過參與得到肯定，進而促成親密關係與聯繫的需求。

　　雖然西方文化重視獨立自主，而且展現個人的獨特性和個體性是建立自我價值的基礎，但是學校偏好的、力促的是順從。學校的「女性化」對男生造成適應上的困難，也可能使男生貶低學校對他們的重要性。

　　本書主張，教學的終極目標是，透過逐漸支持學生的自主性，幫助他們達到自我決定的階段。在女生方面，學校面對的挑戰是鼓勵女生發展不容易建立的自主感；矛盾的是，男生對自主有更大的渴望，但也同時更依賴外在結構來促成自主。

　　最終，如果男生能適應學校的要求，其動機特徵的某些方面可能有助於達到成功。男生的企圖心、相當高的自尊、喜好競爭，以及對學習的主題能產生集中興趣的能力，都有助於使他們發揮潛能。女性傾向於有多重的目標和更平衡的優先順序，因此偏好維持更一般的興趣。顯然，主要的社會影響因素必須納入考慮，但是這些動機特徵可能有助於說明，為什麼有更多的男生學業失敗、態度不滿，但也有更多的男生最後成為高成就者。

2　團體生活

　　隸屬感是基本的需求，但是男性和女性以不同方式來滿足此一需求。女生的成長過程和社會角色，鼓勵她們要維持親密的人際關係。

女性從自己的親密關係來界定自己，並且致力於維繫這些連結（Cross and Madson, 1997）。男性的社會化過程及角色則強調團體生活中更集體的方面，因此他們偏重與大團體的聯繫。男性的自我界定通常是根據個體性，其有興趣的是提升自己在大團體中的地位。他們講求適應社會關係中的團體方面，具有高度的團體忠誠度和集體能力，以集體的講法來描述自己，以及被鼓勵要支持自己的團體（Gabriel and Gardner, 1999）。

女生的主要動機是尋求親密關係，因此她們發展出依照他人觀點做判斷之能力，其結果是，女生更會配合他人以滿足他人的需求；相對地，男生的主要動機是區辨自己和他人的不同。男性比女性有更明顯的高控制欲（Burger, 1990），女性順應他人和男性愛控制的常見例子是，在大多數家庭中，客廳的電視遙控器是由男性來掌握。

111 　　男性和女性的性別角色已預先決定了不同的特質。研究發現，父母會控制男孩，但也同時會給他們自主的空間；相對地，父母傾向於總是控制著女孩（Maccoby and Martin, 1983）。男生被鼓勵要果斷、要自我提升；女生則被鼓勵不可誇耀自己。在由單一性別占優勢的同儕團體中，男生和女生會發展出不同的互動方法，如果是性別混合的團體，男生傾向於占上風，讓女生覺得自己能力更差、更不重要、更沒權力。

從幼年期開始，女生的團體通常以親密友誼和合作為特徵（Whiting and Edwards, 1973）。女生的團體比較不分階層，其領導方式可能會發生問題，因為領導者會被認為態度驕傲或霸道。整體而言，女生往往不會相互支配，她們偏好合作和協商，而最有影響力的女生，是那些得到他人最多注意的女生。相對地，男生的團體以競爭、支配式

行為、更好鬥的關係為特徵，也傾向於更有層級結構（Maltz and Borker, 1983）。男生的團體會有領導者告訴大家要做哪些事，他們為了地位相互競爭，因此會避免顯露自己的任何缺點。他們不喜歡求助（或要求指導），因為不想讓任何人知道自己碰到困難。

3　對成就的態度和對學業進步的解釋

　　由於主要動機的緣故，女生更可能對學業成就採取精熟型態度，也更有興趣根據自己訂定的標準來學習（Licht and Dweck, 1984; Lightbody et al., 1996）。她們的主要目標是學習增進能力，例如，這可從她們有更大的求助意願反映出來。男生則更可能採取表現型態度，其焦點放在相關的能力及其評價方式，例如，有些男生總是想要排隊排第一名，而且力求每件事情都是最棒的。男生的主要目標是做出良好表現，以顯示特定方面的能力，他們關切自己的能力，並試著顯示自己比其他人更聰明（Whiting and Edwards, 1973）。在班級中，男生對於任何競爭的或挑戰的問題會做出更多回應，而且更可能透過聚焦在自己的成功卻否認自己的失敗（Maccoby and Jacobsen, 1974）、誇大自己的能力，以及炫耀能力（Whiting and Edwards, 1973），來採取自我提升的態度。

　　有些男性必須不計代價求勝，因此，他們更有可能作弊。男性傾向於找出能獲得認可的事物，而非尋求能改進其表現的回饋。他們傾向於被任何象徵所渴望地位的事物激勵，例如分數、金星獎和其他的地位象徵。

　　表現型態度會導致某些男生有懼怕失敗的學習動機。受到懼怕失

敗的心理所驅動，他們的主要目標會是，保護自己的價值和試圖維持
對情況的控制。由於展現能力對男生而言很重要，當能力受質疑時，
他們就會採取外在化的防禦方式。其作法是怪罪其他事情以解釋差勁
的表現，例如，把失敗歸因為運氣太差或類似教師態度等其他因素
（Dweck and Bush, 1976）。或者，他們會應用不參與學習、在班上製
造麻煩等自我失能之類的策略，或者應用類似拖延的防衛機制，或者
目標放得太高或太低（Thompson, 1999）。這類男生常常表現出「不在
乎落後」的態度，而且欺騙自己：只要自己在乎而停止瞎混，他們就
會成功了。

　　女生也會畏懼失敗，其常見的表現形式可能是無助感（Dweck et
al., 1978）。對於失敗，女生比男生傾向於做出更多的個人歸因，她們
更有可能把失敗視為證明能力低落，然後放棄努力。

112 **4// 自尊**

　　人人都被激勵要維護自尊，但由於男生和女生的動機不同，其自
尊的來源也有所不同，於是，男生和女生會利用不同的策略來維護及
增進自尊。男生對個體性、自主和控制更感興趣，女生則更關切維繫
人我關係及得到他人的認可。因此，對男生而言，失去自主感可能會
損及自尊，而重要關係發生衝突或傷害，則更可能威脅到女生的自尊。

　　在自尊方面的性別差異，會隨著年齡而增加。大約從中學開始到
整個中學階段，女生的自尊會一貫地偏低（King et al., 1999）。她們的
自覺吸引力減弱，顯然可以歸因到自尊的降低。男生對自己體能的自
覺和女生對外表的自覺，主要和偏好的生活適應方式有關，雖然媒體

日漸強調外表對男性的重要，但男性吸引力的標準仍然有很大的自由空間。再者，對男性而言，長相並非被他人接納和建立自尊的唯一要件，但對女性而言卻是如此。

　　女性比較有可能罹患憂鬱症和焦慮症，其原因可能是女性必須盡力解決更多複雜的問題，以及當她們未達到自己的及他人的標準時，更傾向於覺得有罪惡感（Nolen-Hoeksema, 1990; 1995; Nolen-Hoeksema and Girgus, 1994; Nolen-Hoeksema, Girgus and Seligman, 1995 ）。女性更可能履行責任目標，例如寄生日卡或耶誕卡給別人（Higgins, 1991）。在課堂上，女生更可能聽從教師的教學，因為對女生而言，其自尊很依賴自己的外表，以及自己如何順從及滿足他人的需要，再者，也因為在成長過程中她們把自己視為被評價的對象，因此，自尊因情況而異的情形，女生比男生更普遍。女生成長過程受到的評價，側重於其少有能力控制的事物，但是這些事物連結到她們的自尊，亦即她們的外表。

　　相對地，除了所屬團體領導人之看法外，男生的自我評價比較不受到他人看法的影響。事實上，他們在面對負面回饋時，會自我增強、會誇大能力以使自己看起來比其他人更好，以及傾向於認為自己的能力是獨特的。例如，男生通常認為他們比女生更聰明（Beyer, 1990; 1999）、更有體能（Van Wersch, 1997）。因此，自尊自大也許在男生之中更普遍。女性傾向於更實際或更謙虛，也更可能對其他人做出正面的評論（Roberts, 1991）。例如，女性傾向於低估自己的智能。父母對女兒的控制比對兒子多，這可能更有助於進一步說明男、女生在自我評價方面的性別差異。

5 特定性別驅力的應用

一、專注驅力

由於上述因素，透過強調「改善自己能力」而非「證明自己實力」的學習方式，試著鼓勵男生採取精熟型態度，是件重要的事。要做到這一點，教師可以告知每個學生其學習了多少，以及學習成功的方法有很多。教師可以鼓勵學生認清自己的長處、把成功歸因於自己的能力和努力，以及把失敗歸因為努力不足或策略應用不當，而非欠缺能力。

班級的組織必須避免把注意力聚焦在學生之間的比較，而且使學生認為能力對成就的重要性較低。在採用評價式比較的競爭氛圍中，男生不願意冒險讓自己失去能力。教師應該提供學生以相互學習為重、而非相互競爭或隔離的機會，並且讓學生以不同分組方式與同儕合作學習。教師尤其必須鼓勵學生，相互給予正面的回饋、為自己及他人的學習負起責任，以及共同合作而非競爭。

但是競爭的情況是找出挑戰任務的有效方式，這些挑戰任務——例如隨堂測驗，對於習慣被拿來與同儕比較的男生而言，有激勵作用，若能選擇，男生會偏好競爭的而非合作的遊戲。如果這類的比較強調他們的優越之處，男生會覺得很不錯；而當同儕比較強調的是與同學的相似度時，女生會覺得更不錯。但是過度的競爭應該避免，因為這會鼓勵男生為自私的目標而努力，並使他們學到，其他同學會阻礙其成功。過度競爭會增強男生自我中心和重視階級的天性，然而，不貶抑他人的競爭對男生是有益的，例如同組兩人或小組之間的競爭。

二、結構驅力

關於使男生做出最佳表現，教師的最大挑戰是，在控制他們和使他們順從之間，找出皆大歡喜的折衷辦法，同時也使他們發揮潛能及滿足自我決定的需求。如前所述，這種緊張狀態可以透過對男生行使權威，然後逐漸更換驅力排檔以放寬約束，提供他們更多協商、選擇及負責任的機會。增能的第一步是要求重視權威的教師，在限制範圍之內以非控制的方式給學生方向感、合理的壓力，以及增加選擇機會。

男生從接受學校教育開始，就會支配其所在團體，他們比較不容易順從，以及不願意向教師的權威低頭。對於可能對其過度控制，以及限制其自我表現和創意的教師，男生會挑戰他們。帶著低度學習動機上學的男生，會把教師逼退到「過度行使權力」的倒退檔。對任何包含一群男生的激勵型關係而言，「權力行使」是起點，並且以穩定的公平對待為特徵。為男生發展能激發動機的課堂教學，轉換到「權力分享」是最重要和最有挑戰的階段，而且涉及到師生之間的相互尊重。男生對外在結構的需求較大，可以透過強調公平公開、方向明確、時間限制，以及明確規則來滿足。在支持的而非強制的結構之內，男生會有自主的需求，如果男生得不到所需的支持型結構和自主，有些學生會做出干擾教學的行為。

基本上，如果學生的自尊被威脅，他們可能會做出對抗權威師長的行為。女生在年幼時就學到，自己無法輕易報復別人，因此她們對於權力的不平衡——常常是間接的、可被視為操控的，就發展出順應的反應策略。同樣地，女生發展出挑戰權威的更微妙方法。例如，她們透過對同儕團體說教師的閒話，或者為教師取可笑的綽號，把對教

師的敵意偽裝起來；她們會以非對抗的方式維持自己的自尊，例如透過迎合教師的批評而將其中立化；她們發現自己有許多機會可以用間接方式來應付教師權威，例如，裝病以逃掉體育課。

三、刺激驅力

女生比男生更有懼怕失敗的傾向，而且在對自己承諾用功之前，必須先確定成功的機會。因此，雖然她們更有可能知道答案，但卻更覺得全班的問答活動有威脅性，而比較不願意回答問題。另一方面，男生更喜歡冒險和被人注意，他們在這類活動中比較占優勢。這個例子指出，採用性別平衡的分組方式，以順應各個性別的優缺點是很重要的。為性別平衡的分組方式設計進階的題目，可以藉由女生偏重反省的風格來平衡男生的衝動，而男生的自信也可以鼓勵及帶動女生。

學生的學習表現良好與否，視選擇實際挑戰任務而定的程度與視能力而定的程度相當。對於和學習任務要求有關的能力，學生必須做出實際的判斷。許多男生對自己有不切實際的高期望，教師會把這類不切實的期望，視為學生樂於用功的證據而錯給讚美，因此不經意地強化了必然導向失敗的目標。更有用的作法是，促進男生的期望與其目前能力之間的精確搭配，以利男生能從分割為可達成步驟的學習任務獲益。

四、回饋驅力

女生傾向於更注意得到的回饋，以及對回饋做出更明確的回應，因此，她們比男生更容易受到回饋的影響（Roberts, 1991）。整體而言，雖然男生傾向於得到更多回饋（Minuchin and Shapiro, 1983），但

這些回饋更可能是負面的（Etangl and Harlow, 1975），更可能是關於其行為和動機方面的回饋（Brophy and Good, 1970）。女生得到的回饋傾向於和她們的能力更有關（Dweck et al., 1978），在由男生支配的、好鬥的同儕關係之中，男生會互相給予更負面的回饋（Maltz and Borker, 1983）。

　　然而，女生可能更容易受到批評的傷害，包括直接的和暗示的批評。男生比較容易忽視批評，認為這些批評並未正確描述他們的情況。女生傾向於把負面批評過度吸收到自我概念之中，而更無法指出另外的正面特質。對照男生更實用的學習目標，女生傾向於把特定批評擴大成概括的失敗，而這也許反映了她們的自我認同目標。對女生的任何負面回饋，都必須提醒她們想想其他正面特質來加以平衡，並且再次擔保其所遇到的問題是可以修正的。對女生而言，區分對其行為或學習的不滿意和對其人格特質的看法，是極重要的事。相對地，對於自大的男生，批評方式必須考慮到他們忽略自己缺點的能力——他們認為這些缺點不重要，而且方法上要強調這些批評正確、合理、重要性。

　　對女生而言，處罰比較沒必要，但如果用到，處罰會產生想要的結果。對於常常有更大對抗行為的男生而言，例如，表現出「我會讓你知道，你無法傷害我」的態度，處罰尤其會產生問題。公開處罰常常會導致男生挑戰教師的權威，私下譴責或處罰男生往往更有效，也比較不會激起學生挑戰教師的動機。如果男生顯然不受教師的處罰影響，教師切勿因此而覺得挫折，也不要以更大的憤怒來反應。有些處罰所做的，只不過是讓男生在同儕團體中得到其更需要的地位。另一方面，在大多數的女性同儕團體中，惹麻煩的行為不會受到尊重。處

罰會讓女生覺得很難為情，她們覺得處罰是非常丟臉的事。因此，女生認為對整組的責罵或處罰，比較不丟臉。

　　比較難做到的是找機會讚美男生，人們常誤以為男生不喜歡被讚美，或者對男生的讚美不需要像女生一樣多。事實上，我們全都會從讚美獲益。的確，如果男生覺得自己已經很努力，卻沒有得到任何的認可，他們更有可能會懈怠。較年幼的男生喜歡來自教師的公開讚美，但是中學階段的男生則比較不重視教師的認可。間接的或私下靜靜給予的非直接讚美，對年齡較大的男生最有效。女生通常很高興受到直接公開的讚美。而考慮到男生需要外在結構，更直接的經常回饋，對他們尤其有益。

激勵型學校

1 前言

本書強調教師如何提供學生最佳的學習機會。然而,在學校領導者實施本書列出的動機原則,並將其用於激勵教師,才更有可能找到這類班級(Maehr, 1991; Maehr and Midgeley, 1996)。在發展激勵型學校方面,學校領導者扮演了關鍵角色,有效能的管理者會理解,將全校的發展與效能,連結到個別教師的成長與效能感是很重要的(Senge et al., 1994)。

如同教師透過班級經營實務把自己的心向「下載」給學生,在「動機鏈」(motivation chain)最高層的學校管理者也是一樣,他們把自己的心向「下載」給教職員。本書所列激勵學生的模式和原則,也同樣很適用於學校經營方面對教師的了解,以及使教師產生最佳表現。不言而喻,這些在班級中的應用原則也可用於整個學校情境。筆者建議學校管理者從自己的管理觀點,重新思考前幾章的內容,例如,此模式可用於學校如何和家長溝通(Askew, 2000),或者如何對新進教師做到在職訓練和師徒制輔導。

② 領導

本書主張，學校需要有願景的管理團隊，其願景必須把學校從控制型文化轉移到強調自我激勵，以及鼓勵教師樂觀認為，學習是必須培養的內在人性。學校管理要透過以下四種驅力來達到該願景，例如：

一、專注驅力

研究發現，績效高的學校其主任教師（headteachers）更可能採用能引起共鳴的彈性領導風格，而績效低的學校，其主任教師的領導風格則很難引起共鳴（Hay Group, 2000）。有更多有效能的學校從轉換型領導（transformational leadership）獲益，此類領導方式的基礎是均等和同儕情誼（相互肯定）。轉換型領導者必須接納同儕的想法和感覺，以及了解他們的構想。

會激勵人的管理者會努力運用善意，在同儕的情緒銀行帳戶中轉入存款（Covey, 1990）（譯註：指增加同儕的正面支持情緒），會注意到同儕的優點、傾聽他們的意見，以及致力於理解他們。他們會在把想法加諸同儕身上和考慮同儕的觀點之間取得平衡。由於即使輕微顯示不尊重，都會造成嚴重的負面情緒，轉存款項不夠多的主任教師，會無法承受多次的提款。

二、刺激驅力

重願景的領導者會幫助其同儕明白，個人的工作應如何配合組織的大願景，因此，他們會提供明確的指引和方向感（Burns, 1978）。他們擅長授權，以及指派有挑戰的任務讓同儕施展能力，而不是「丟給」

他們一堆無法達成的無用任務。他們會鼓勵教師繼續參加訓練課程，以及應用研習所學的知識。

三、結構驅力

轉換型領導者會提出清晰的願景和方向感（增能），他們會盡量散播和分享許多資訊，並且透過各階段都和每個人一起努力，而轉換學校文化。相對地，互易型領導者（transactional leaders）透過和員工的有條件利益交換，來抓緊自己的權力。在低績效學校的主任教師，有困守科層控制心態的傾向（Hay Group, 2000）。

四、回饋驅力

轉換型領導者的同理心風格是指，他們在給予回饋之前會先傾聽同僚的心聲，並且促進對想法和情緒的雙向開放分享。轉換型領導者與其同儕之間的關係特徵是，雙方協議以尋求合作和忠誠來換取酬賞。

表 12-1 比較各領導風格之驅力的主要特徵。

在某些驅力上，互易型領導者處在第一檔或倒退檔，轉換型領導者則以第二、三檔運作所有四個驅力。

排除型學校的研究，已發現其多多少少不同於融合式學校（inclusive schools）的主要管理風格差異（McLean, 1987; Munn and Lloyd, 2000）。融合式管理認為，學校的責任是發展所有學生的社會發展和學業成就，融合性低的學校則把職權縮小到使學生乖乖追求學業進步。因此，低排除型學校有更彈性的課程、更支持教師教學，以及在共同解決問題方面納入校內的和校外的支持力量。高排除型學校幾乎只強調學術課程，這類學校偏好篩選學生，並且希望外部機構「矯治」問

▶表 12-1　互易型領導和轉換型領導之比較

互易型領導	轉換型領導
專注	專注
無共鳴的風格	共鳴的風格
有條件的交易	開放的分享
偏袒徇私	均等和同儕情誼
結構	結構
抓緊權力	分享資訊
層級式決定	參與式決定
丟出無法達成的任務	分派有挑戰的任務
刺激	刺激
無方向感	有方向感
被動的	顯示大願景
	明確的目標感
回饋	回饋
使用酬賞	提供回饋前先傾聽
尋求合作	雙向對話

題學生，或者將其安置到其他地方。這類學校對於排除問題學生有一套層級決策程序；會基於學校本身擔憂的事項而責怪問題學生，並且期望家長毫不質疑地支持。

　　學校文化提供全校師生普遍擁有的主要信念，以及能激發想法和策略的精神。各班的班級氣氛則有助於構成學校文化，但同時也被學校文化形塑。對建立激勵的文化而言——它能強化學生對學業成就的精熟型態度並培養其內在動機，學校管理者的期望和行為很重要，他

們有責任灌輸教師，學生有能力也願意學習的重要信念，而且要鼓勵教師為教學建立最大企圖心。不顧重大的不利影響，看起來很成功的學校都有樂觀的融合式信念，認為所有學生都能夠排除困難、達到成功（Maden and Hillman, 1996）。

　　學校管理也必須對全校教師的及各階段的動機激發策略，有全盤規劃，以利：

1. 使學生的學習經驗維持某種一致性。
2. 隨著學生的年級升級，使班級經營策略的複雜度增加，以落實師生互信的階段化成長，而此種互信會增加學生參與協商、做決定，以及負責任的機會。
3. 在必要時，介入處理學生與教師之間的互動問題。

3 管理的動機

　　區隔有建樹的和不體恤的主任教師的重要因素之一是，兩者形成對比的控制動機。人們都被高度激勵，要對自己的生活進行控制。有些人很精於控制他人，就自覺有能力和自覺樂觀而言，這樣的人往往看起來很類似有正面自尊的人。他們對有助於增進能力感的生命事件，可能會有正面的控制經驗（Burger, 1990; 1992），亦即，體驗到可稱為自主控制（autonomous control）的經驗。另一方面，對某些人而言，進行自我控制可能是對抗混亂感或無助感的方法，或者能夠使他們維持脆弱的自尊（Brown, 1988; West and Prinz, 1987）。他們透過努力控制其他方面的生活，來對抗自己的感覺，而這可稱為避免混亂的控制（chaos-avoidance control）。

　　有些有高度控制欲望的人，會透過位居領導地位和成為主任教師來滿足此需求。這類人員的管理風格，會隨著其一生的控制欲望發展而變化。領導欲望以健全的自尊和自主控制為基礎的人，則在其職場人際關係中顯現出自信、信任和尊重。

　　相對地，控制的欲望係以混亂所驅動的控制，或者脆弱的自尊為基礎的人，在同儕關係上可能會有過度支配他人、待人嚴苛，以及過度操控的傾向。難以信任他人又有高度控制欲望的領導者可能不少，研究發現，控制欲望和好猜疑的態度之間有所連結（Fenigstein and Vanable, 1992）。另外，對取得凌駕他人的權力有過度的需求，其所產生的效應與高度焦慮相同（McClelland, 1980）。這類人士——尤其對成就有高度競爭態度的人，就像飛蛾撲火一樣，會被高階職位所吸引。

　　這種特別的動機心向，往往會透過霸凌的或干擾管理的文化，而傳遞給他們所領導的教師。有高自尊的人會主動把不如自己的人當作替罪羔羊（Gibbons, and McCoy, 1991），並且取笑外團體的成員（Crocker and Major, 1989; Crocker and Luhtonen, 1990）。這類主任教師可能會把任何與其意見不合的人邊緣化，卻對其他人表現出偏袒的態度。他們可能會把無法達成的任務「丟給」同僚，或者解除其他人的職務。他們不鼓勵教師去上進修課程，取笑所有自費學習者，以及貶抑把所學知識帶回學校多過於他們的人，例如，將他們排除在工作小組之外。

　　被領導吸引，以滿足個人需求而非為了應用技能的人，會使自己的需求比所有人的需求更優先。增強個人地位會成為其言行準則，他們與別人互動是為了達到自己的預設目標，而非支持教師達成其具體目標或團體目標。他們渴望做主角，但卻在完成共同合作事項之前，

無法把自我放在一邊。教師會告訴學生不要干擾教學，然而某些主任教師卻要教師在全班學生面前，立即回答他們的問題。

　　多變的和不穩定的自尊都暗示著，覺得自己的自我價值很薄弱、*118*
很受壓迫，這類領導者的行為，會隨著其對成敗經驗的起伏感受而定，
自尊的不穩定會導致對正面事件的偏頗反應，以及對負面事件的防衛
反應。由於自尊是珍貴的有用物，必須持續提升以利生存，這種情況
會使他們很容易受到挑戰的傷害，進而產生防衛的、自我膨脹的態度。
因此，這類管理者很傾向於把自我價值寄託於工作、在工作中表現自
我意識型態，以及過度以工作認同自我。麻煩的是，個體的自尊愈以
某個面向為根據，就愈脆弱（Crocker and Wolfe, 2001）。

 ## 4 對教師的肯定和增能

一、肯定

　　主任教師對所屬教師的態度和行為，會反映並形塑學校的普遍風
氣。任何冷嘲熱諷在教師辦公室所產生的影響，必然都反映出教師對
支持管理團隊的一部分反應。主任教師對於被託付的權力，必須小心
慎重行使，以學生為中心的教師需要以教師為中心的管理方式，而各
層次的管理，都必須以期待教師對待學生的相同方式來對待教師。

　　在激勵型學校中，教師及其他教職員都了解管理者對他們有興趣，
也都知道自己有哪些部分表現良好，以及能如何加以改善。這類學校
有肯定成員表現的文化，能促進教職員自我改進、自主獨立和凝聚聯
繫感。學校氣氛會促使成員一起認同他人，鼓勵同儕團體相互支持，

以及提供角色楷模作為學校生活的核心。班級助理及學校的輔助員工，也被視為是有能力激發學生四種驅力的人員。

在這類學校中，持續的專業學習被認為能「解放」教職員的能力，使他們更有信心應付更多的挑戰。

二、增能

在激勵型學校中，教師和非教師的職員都了解學校的目標及這些目標的優先順序。管理團隊被認為可信賴、有知識、可接近，並因此建立了增能的結構。主任教師會給所屬教師明確的方向感和合理的壓力，但也給他們一定範圍內的選擇權。教師覺得自己和管理階層共享權力，並且在自己的職責範圍內享有某些自主權。透過給予各層面教職員符合其長處、能力，以及職責範圍的領導角色和責任，整個學校的領導文化得以促進。

當教師有可達成的具體目標要達到時，他們會有最佳的動機；當這些目標正當適宜，也有令人信服的理論依據時，教師會覺得有信心產生良好表現，而且會有實際的期望。他們的教學任務能使表現達到能力極限，他們的職責多元多樣、目標清晰，與個人相關又有意義。主任教師會給教職員解決問題的機會，並且鼓勵他們參與做決定的過程。這些特點都會增進教職員的能力感、成就感和高士氣。

對教師的評鑑，主要是透過自我評鑑的過程。給予教師的回饋會指明進步情形，並且能讓教師把成功歸因於自己的努力和善用計畫與策略。

119　主任教師遇到的問題之一是，找時間傾聽同僚的意見，何況還要去發現哪些事情能激勵他們。但是沒有什麼事情比來自直屬上司的關

注，更能激發動機，因此最好的方式是，向教職員表達，每個教職員都很重要，這樣做也能達成幫助教師發展能力感的重要管理任務。研究發現，和上司的工作關係很差，是導致低動機的主因（Wilkins and Head, 2002）。透過確保所有教職員常常得到認可、重視所有的成就、與教職員討論他們的想法和感受、允許教職員表達他們的意見和擔憂，以及對教職員的校外生活表示有興趣了解，學校管理工作會有助於培養參與感。

5 管理的心向和驅力

學校管理者透過對教職員提供的外在驅力，來展現對自己的動機心向。以下列出某些管理心向及驅力。

一、心向

(一)對能力的概念

　　1. 將教師發展視為改進的方式。

　　2. 承諾推動終身學習。

(二)對成就的態度

　　1. 為自己尋求新的挑戰。

　　2. 尋求回饋，以利改進。

(三)對進步的解釋

　　1. 將成功歸因於學校所控制的因素。

　　2. 將失敗歸因於可修正的因素。

㈣自我效能

1. 設定積極的目標。

2. 表達有自信、有決心的態度。

3. 善於應付挫折。

4. 想辦法避開阻礙。

二、驅力

㈠專注驅力

1. 花時間與同僚建立關係。

2. 尊重同僚。

3. 努力建立有向心力的團隊。

㈡刺激驅力

1. 提出以改進為目標的新想法。

2. 提出能刺激革新的好點子。

3. 鼓勵教職員冒險進取和發展新方法。

4. 挑戰同僚，延伸其能力。

㈢結構驅力

1. 能說明各事項如何相互配合。

2. 計劃及協調小組的工作。

3. 幫助同僚設定可達成的目標。

4. 能夠平衡優先順序。

5. 提供清晰的目標和方向感。

6. 確保學校的各層級都有政策。

㈣回饋驅力 *120*

　　1. 給予回饋之前，先傾聽同僚的想法。

　　2. 定期對同僚的工作給予回饋。

　　3. 進行雙向溝通。

6 激勵型學校的文化

學校文化可從下列四種驅力來分析。

一、專注驅力

　　激勵型學校的文化會透過強調「改進自己能力」而非「證明自己實力」的學習方式、強調精熟任務而非表現，以及強調學習過程而非結果等，來鼓勵精熟型態度。這類文化也能促進發問和冒險進取。

　　激勵型學校為所有學生建立友善的氣氛，在此種氣氛下，受到敦促的教職員都會避免給學生負面標籤。

　　對於以相互學習為主的學生，教師會採用混合競爭與合作的教學方法，而非只令學生相互競爭或隔離，因此過度的競爭被避免了。學生的非正式分組，通常是根據學習的表現和對學校課業的動機，這種分組方式，對於學生如何看待自己和對學習的態度，都會有重要影響。學校管理者必須找出方法抑止學生之間的競爭，並且給學生以不同分組方式學習的機會。這些分組不一定要根據能力，以使能力的觀點對學業成就的重要性變小。

二、刺激驅力

學校會透過類似集會和頒獎典禮等全校活動，向學生傳達，每個人現在學了多少、有許多方法可以成功學習，以及學業能力較差的學生也同樣受到重視。所有機會都被用來向學生傳達這樣的信念：能力不是固定的，他們能成功，也會成功。

三、結構驅力

管理者的領導，應該強調學習的目的及目標，而非紀律和控制。為了有安全感，學生需要一致的規則和常規。考慮到教學的個人化特性，教師之間的一致性就像是難覓蹤跡的蝴蝶，很難達到。關於受教師氣質形塑的部分，例如，表達權威的風格、建立班級氣氛、對學生訓誡及處理師生對立等，尤其有挑戰性。但是規則的應用和隨之而來的酬賞和懲罰，應該更可以達成所有層次的一致性。學校管理的目標應該是，在多元策略中求得目的一致，只不過此一致性是學校將會持續努力卻從未達到的最終目標。

主任教師及資深教職員必須賦予學生領導的角色，讓學生有分享責任和做決定的機會，以強化積極的參與和對學校的共有感。教師必須幫助學生發展為自己的學習負責之能力，學校必須更加重視安排傾聽學生的機會，並且以有意義的方式諮詢學生意見。但是學生必須從早期階段就接受訓練和受到支持，而且代幣式的獎賞沒有效果。

121 **四、回饋驅力**

激勵型學校使互換回饋成為學校生活很平常的一部分，並且鼓勵

學生從教師、相互從同儕尋求回饋。為創造這樣的氛圍，高階管理者必須從同僚和學生尋求回饋，對回饋持開放態度，以促進學校的進步。管理者應該透過經常與學生對話，並且詢問他們對學校生活的感受，來清楚表明歡迎提供回饋。

　　學校對懲罰的應用，是學校文化整合度和成熟度的關鍵指標，管理者對於學校政策中懲罰所扮演的角色，必須清楚明確。同時，全校的整體酬賞策略應該反映學校的核心價值，而且發揮指引及鼓勵學生的作用。學校頒獎典禮的目的必須經過仔細考慮，尤其對於想要傳達給學生的訊息。無論學生的目標是什麼，融合式學校必須表揚所有學生的進步（Mannion, 2002）。

7 物理環境

　　在建立整體學校風氣方面，物理環境的氛圍是重要因素。研究發現，高效能建築物就像其名稱所示，其產生的學習效能較佳，因為有更好的實體設施，尤其是音響、燈光、空氣品質和通風（Eley Associates, 2001）。這類學校建築物的設計目的在提供愉快的、有效能的學習場所，令學生和教師都滿意；它是安全、有保障的環境，尤其有大量的天然採光；學生和教師可以清晰聽到彼此說話而不必喊叫，噪音量也減至最低；教師可以使溫度和溼度維持在「舒適範圍」，以避免教室過熱、過冷或太悶。

　　研究發現，學習環境激勵學習的力量雖然有限，但如果環境不適當的話，其傷害會很大（Herzberg, Mausner and Synderman, 1959）。上述這些保健因素並不會產生更高層次的學習動機，但是其負面特點會

導致不舒服。總之，優質的教室環境是使教學聚焦在動機方面的重大先決條件。

摘要與結論

最後一章總結主要論點、複述各驅力和心向要義,最後則提出一些結論。

1 從內在激發動機

理想上,學習動機應該來自內在,因為自我激勵是一道只能從內在開啟的門。學生會注意與自我有關的資訊,這些資訊形塑他們的想法,進而成為其學習方法背後的主要驅力。教師無法直接激發學生的動機,但矛盾的是,學生的自我動機無法自行啟動,它需要來自教師的支持。現在的教師及學校付出更甚以往的努力,想直接從外在激發學生的動機,但是更有效的方法是利用學生的身心積極狀態,來吸引他們學習,以利從內在激發其動機。本書主張,學校可以輕易影響學生的重要動機心向。

一、心向

學生對自己的能力有兩種不同的想法。認為智能是固定特質、是某種定量擁有卻無力改變之事物的學生,他們抱持的是實體能力論。相對地,持漸增觀點的學生,認為可以透過努力來增加能力。這些對能力的概念導致學生詮釋其進步情形的方式,會使得某些學生在面對挫折和挑戰時很脆弱,而某些學生則比較堅強。

學生在學校學習的過程中,視能力為實體的想法,可能會對學生

產生更多負面影響，使他們對有關自己能力的資訊更為敏感（Nicholls, Patashnick and Nolen, 1985; Rholes, Newman and Ruble, 1990）。對大多數學生而言，最重要的是能力而非努力，隨著年齡增長，能力愈益重要，更由於競爭和課業更加依據能力分類，這種狀況會隨之擴大。例如，研究發現，教師的評量所顯示的學生能力差異是固定的（Cooper and McIntyre, 1996）。但是，能力漸增觀可經由學校教育而強化，例如，告訴學生每個人現在已學會了多少，以及成功學習有許多方法。學校可以提供學生，有關其個人成長和發展不斷進步的證據，以使他們更相信自己的才能有多層面互動的特性。

　　學生對自己學業進步的歸因或解釋，是形塑其能力信念的關鍵因素。動機對此類歸因的影響力，來自其所在的四個面向。「控制信念」涉及，對學生而言某個成因被視為是內在的或外在的；「穩定度」是指就整個情況或一段時間而言，此成因是固定的或不固定的；「廣度」包括從整體到特定因素不等；而「控制力」則是指，學生對某個成因有多少的控制力。

　　除了具體的目標設定過程之外，學生對學業成就的態度所形成的一套統整信念，會導致以不同方式處理及回應學習情境。相對於具有表現型態度的學生，其學習動機來自於想表現學習結果，想展示能力，想成為最優秀者；有精熟型態度的學生則想要學習，想要增加他們的能力，想要達到自己的最佳表現。在許多方面，精熟是理想的目標，其特點是：對獲得成功而非逃避失敗，以及對達到精熟而非顯示自己優於他人，有同等的關注。逃避失敗的學生若不是覺得無助而放棄學習，就是在預期表現會很差、可能會反映自己的低能力，以及沒有藉口可以「脫離困境」時，採取自我保護的策略。

　　自尊是指，我們覺得自己達到何種「很不錯」程度的整體看法，視我們對「很不錯」的標準而定。雖然自尊被誤解為自我效能感或能力信念，但是把它想成是不同於自我效能感的信念──根據對於特定方面能力的評價，可能會很有用。自尊是對自我之一般價值的更整體情意判斷，而非評價個人在某一方面的能力。

　　如果一併考慮和自尊相纏結的動機心向，就更能理解自尊及其在激發學習動機方面的角色。把自尊想成兩個層面也很有用：首先，就整體自我價值而言，自尊是貫串的過程；其次，它是對特定能力的情境式評價。自尊是個人的資產而非激發學習動機的要素，如果學校聚焦在最容易影響學生的方面，自尊的應用會更有成效。

　　最重要的「愉悅」因素──「效佳」因素，是達成目標的自我效能感。而在提高信心方面尤其有用的是，所達成的目標有助於了解理想的自我。

　　造成不專心學習的主要因素為，重複把失敗歸因於穩定的、個人的、無法控制的，以及整體的因素，這些因素都暗示失敗是無法避免的。摻雜了悲觀地解釋進步情形、認為能力是固定的、對學業成就採取強烈表現型態度，以及持低能力信念等要命看法的學生，尤其容易受到逃避失敗動機的漸進傷害。

　　對進步情形偏好採用精熟型自我評量，使學生更可能維持正面的自尊。如果某人有精熟型態度卻未能表現得像其他人一樣好，他（她）依然保有正面的自尊，不至於像具有競爭態度的人，只有在表現好的時候才有高自尊。不是每個學生都有高能力，但他們都能有高度的精熟型態度。

二、驅力

　　學校的主要挑戰是，平衡學生被接納的需求和對正確回饋的需求。激勵型教師會運用師生關係面向的各驅力排檔，來達到這種平衡，並且會從以認可學生行為為方法的有條件接納轉移到給予學生肯定的回饋，以便向學生表示，自己很了解他們、很重視他們及他們的努力。

　　學校面對的第二個挑戰是，如何在使學生順從和發揮學生的自我決定潛能之間，找到皆大歡喜的折衷辦法。這個挑戰的解決之道是，不以強制方式對學生行使權威，然後以漸增的信任，給予學生更多的協商、選擇和負責任的機會。於是，權力的行使可以透過權力分享，轉換為個人的權力。

　　這兩種互動的師生關係（肯定學生）和權力行使（增能）歷程，建立了驅力模式的架構。學校文化對學生分配酬賞並行使權力，因此得以透過常規和儀式使學生被社會化和被控制（Etzioni, 1996）。學校對學生有多大的激勵作用，要由學校採用的驅力特性來決定。班級內的兩種驅力構成了師生關係的面向，並且發揮社會化的作用。首先，「專注」使學生知道教師想要認識他們；其次，「回饋」告知學生，他們的表現有多好。激勵型班級也需要權力的面向，而權力的行使主要透過激勵學生的目標、活動、「結構」等所產生的「刺激」，亦即，關於如何有效達成班級目標的可得明確資訊量。

　　專注和回饋是師生關係的要素。專注是教師藉以盡量認識學生個人人格的過程，進而使教師對學生的需求做出回應和給予正式回饋。教師支持學生自主，意味著教師重視學生本身特質，以及認可他們的感受和看法。自我揭露能大幅增進學生的專注，但是對某些學生而言，

自我揭露是冒險的事，他們偏好保守自己的秘密，或者蓄意表現做作的自我而不暴露真實的自我。

　　不激勵學生的教師對學生的興趣很低，他們顯然不了解學生，但卻對學生驟下結論，做出不當的個人批評。對學生抱低期望並有悲觀假定的教師，會抱怨學生的學習動機低落，但卻無法看出自己的動機心向和蔑視學生之間的關聯。

　　個人化的回饋，會有助長脆弱自尊的危險，這會使學生在被讚美時覺得很高興，被批評時卻覺得很糟。例如，如果某個學生一再被告知自己很糟，他（她）就會認定人格是實體的東西，認為自己很糟、無法改變。

　　教師的批評宜聚焦在學生的個別進步情形和行為，如此，教師就能了解學生整個人，進而提供免於個人批評的個別化回饋。這就是肯定式師生關係的要義，它設定的情境，能使教師對學生的心向產生最大影響。

　　圖 13-1 摘要四種情境中教師態度的構成要素，這四種情境是由兩個互動的面向所構成。第一個面向是接納的對排拒的態度；第二個面向是懼怕失去權力的動機對尋求合作的動機。

　　在激勵型班級中，其結構強調學習的目的及目標，而非控制。在 *126* 建立教師權威之後，權威的行使應該保持在最小的程度，並提供最大的機會讓學生發揮自動自主能力。為使學生習得自我導向行為，學校應給予最輕的干涉和限制最小的必要結構。給予學生領導的角色、選擇的權力、分擔的責任，以及做決定的機會，會增強學生在學習過程中的主動參與和對學校的共有感。最佳動機的激發，要透過有可達成的適當任務、有設定挑戰能力程度，但允許控制的學習活動。

包容的態度

虛假的讚美 憐憫 無益的協助 容易的學習	樂觀主義 信任
命令風暴 標籤陷阱 責怪 找出錯誤 「殺手型」回饋	啊，但是…… 為什麼你不能…… 永遠都不夠好 變質的讚美 「恫嚇策略」

懼怕失去權力的動機　　　　　　　　　　尋求合作的動機

拒絕的態度

▶ 圖 13-1　教師對學生的態度

　　班級的驅力是重疊的，它們相互依賴並以加乘方式互動。理想上，其所有特性都一致發揮作用，並且導向相同的結果。有高影響力的教師會有技巧地運用各個驅力及四個排檔，以為班級學生選擇各驅力的最佳排檔。

　　圖 13-2 再次摘要四種主要的班級類型，並進一步詳列激勵型班級的前進檔之特色。

激勵型班級
第三檔
　　‧更均等的師生關係
　　‧有創意的學習
　　‧心流
　　‧批判的研究
　　‧強調個人的成功
　　‧鼓勵自我評鑑
　　‧學生應用自己的進步標準
　　‧回饋是班級生活的中心部分
　　‧學生的主動學習達到最大程度
　　‧教師非常了解學生
　　‧學生是自主的學習者
第二檔
　　‧有反應的班級氣氛
　　‧學生覺得被認識（被重視）
　　‧自我改進的氣氛
　　‧請求責任的信任
　　‧班級結構內的自動
　　‧建構式學習
　　‧強調個人的成功

放任型班級
　　‧過度保護的氣氛
　　‧約束的氣氛
　　‧縱容的結構
　　‧放任的課程
　　‧讚美容易的學習
　　‧同情學生的失敗
　　‧低期望

第一檔
　　‧有條件的接納和修正
　　‧敘述式回饋
　　‧外在獎懲
　　‧被動接受的學習
　　‧權威的結構
　　‧一致性
　　‧清晰的目的及目標

破壞型班級
　　‧低期望
　　‧壓迫的結構
　　‧強迫式學習
　　‧責怪個人
　　‧「虛假的」讚美
　　‧恫嚇學生

揭露型班級
　　‧競爭的氣氛
　　‧「證明自己實力」的氣氛
　　‧以高標準評鑑威脅學生
　　‧不確定感
　　‧混亂的結構
　　‧不明確的目標
　　‧變質的讚美

▷ 圖 13-2　主要的班級類型和激勵型班級的動機排檔

127　　　　促進信心建立的學校會盡量運用最高檔，以灌輸能力不是固定的和成功有許多方法的信念。這類學校把能力的發展描述成漸進的、在特定領域發展的過程，努力學習則是有價值的重大投資。這類學校鼓勵學生思考，自己如何變聰明而非有多聰明，也鼓勵他們對成功做樂觀的歸因。激勵型教師會避免把自己的反應加上滿意或不滿意的表示，並且透過盡量讓學生自評來減輕自己的評量者角色（Hargreaves, 1972），他們視失敗為培養能力的重大步驟，因此將失敗連結到學生可以修正的因素。

　　　　信心的建立依賴真實成就的程度，低於依賴成就與期望之間的關係。有效能的教師，會促進學生的自我期望和目前能力水準之間的精確搭配，他們會讚美學生的努力和策略應用，以幫助學生聚焦於學習的過程、使他們覺得要為自己的成功負責，以及強調進步的可能性。更重要的是，他們強調個人的改進，而非符合常模的成功。

　　　　學生參與學習和教師的行為之間，有交互作用關係存在，其中介因素是教師對學生學習動機的看法。此交互作用往往會增加學生參與學習的主動程度。教師自然而然對有學習動機的學生報以更多的專注、更支持其主動學習，以及給予更多的回饋，而對欠缺動機的學生則有更多的敵意或忽視、更多的強制要求，以及更多的負面回饋。

　　　　教師自己的動機心向，會透過其掌控的班級驅力「下載」給學生，例如，教師對於能力特質的信念，不是導致精熟型就是導致表現型班級氣氛。

2 結論

　　只有在特定的學習情境下，才能理解學生動機，因為學生被鼓勵不去嘗試某項任務的強度，會和被鼓勵完成該項任務一樣強。學生會受到不同方向的鼓勵，有些可能贊同學校作法，有些可能反學校，或者因為錯誤的理由而被過度激勵。總之，學生的動機風格會有利於學習或無助於學習。

　　對任何旨在以簡單辦法解決學生動機問題的課程，學校應持存疑的態度，一直以單一面向來評鑑自己的或學生的動機，就如同是投出普選的一票——多重因素的單一因素。教師必須成為積極的決定者，以利針對學生如何培養自我動機，以及應用有關學生的各類資訊，做出有根據的決定。激發動機的策略在融入班級實務和學校政策時最為有效，沒有固定的公式可以造就自我激勵的學生，而且學生有各種不同的個別動機風格，但是，教師必須具備四種驅力的激勵技巧。

　　每個學生都是獨特的，所有方法不一定適用於全體學生。激勵學生的教學，其特徵是靈敏反應個別學生需求，以及增進學生做出最佳表現的能力。本書一再出現的主題是，教師必須成為反省的實踐者，必須經常尋求過度保護學生和過度壓迫學生之間的平衡，以及過度控制和過度自由之間的平衡。

　　有些學生的成就，一點也無法達到教師的期望，有些學生能力相當但成就卻超出教師期望。區別這些群體的關鍵因素是他們的動機心向，尤其是他們的自我效能感，以及應付挫折和挑戰的能力。

　　成功的學生有非常努力學習的能力，並且對學習活動表現出專一致志的態度；他們樂於保持高度內在動機，並且極專注於自己的學習

活動；他們很確定自己想要做什麼，也有清晰強烈的控制感和方向感；他們沒有任何的落後感，而且不論任務有多麼令人挫折，他們都能繼續堅持，因此，很重要的是，他們能有效應付失敗和挫折。總之，他們有高度的自我效能感。

動機低落的學生是異質的群體，但是，他們對於自己身為學習者，有一套複雜的負面想法，而且不參與學習活動；他們可能認為自己的能力很低，對學業成就只有極少的需求；他們可能受到懼怕失敗的動機所驅動，已經接受被動的無助感，或者已經發展出更積極的自我保護策略。對學習成就有表現型態度，以及認為自己是能力固定的學生，可能會使這些特徵更惡化。學生欠缺動機，可從其認為自己能力既固定又低落的情形預測出來，因為不專心的學生會覺得自己對學習情況的任何方面都無法掌握。對這些學生的支持，應該很有效地聚焦在自我效能的特定方面，而非含糊籠統地試圖令學生覺得自己很不錯。

有些學生需要比其他人花費更多的時間來達到動機上的成熟。不幸的是，有些學校的運作方式就像是輸送帶或生產線，無法順應學生在動機成熟度方面的進展速率差異。學校生活不愉快的某些學生，對於在各年級階段所面對的要求和期望尚未做好準備，當他們想停在學校生產線上的某一點不動時，就會造成學校的進步中斷。這些學生會從生產線的轉換區間獲益，在那裡他們能用自己的速度達到成熟。

對某些學生而言，找出任何起點以重新參與學習，是件困難的事，其難度就像是從一捲黏緊的膠帶找出開頭。但是，不論他們曾經多麼不參與學習，所有學生都可以重新發現對學習的興趣。另一類強化學生學習的方法，則必須建立在對個人的信念、目標、「實際的」挑戰，以及期望之上，而非強迫看起來不想學的學生去學習（Taylor and Cameron, 2002）。

　　尋找能重振這類學生動機心向的「新活化物」（revitalizer），可能需要從新方法著手。例如，戶外教學（outward bound）可提供嶄新挑戰、密切的人際關係、緊密的團體認同、信任感，以及發現尚未實踐的個人優點（Ewert, 1989; Hogan, 1968）。把學生放在舞台上，讓他們成為表演明星的戲劇表演，也提供了有效的方法。透過帶來信任感與親密感的同儕肯定和高能量發揮情境，戲劇表演能給予學生情緒上的安全感，以及表達其情感的抒發管道（Quibell, 1999）。同樣地，舞蹈會釋出腦啡、使心跳加快和提升精力，因此創造身體的自然快感。企管教育，是另一個以直接的吸引力活化學習經驗的例子，因為其內容與真實生活連結。這些學習活動和內容提供不同的動機驅力，來吸引不參與學習的學生遠離倒退檔，而學校必須望眼學校圍牆之外來尋求夥伴關係，以利針對學生的所有需要提供相關課程（Mannion, 2002）。

　　傳播技術尤其有用也方便使用。就學習的專注而言，電腦提供了有競爭性但也私人化的學習氣氛——因此威脅性低。此種專注是無法制約的，而且透過可達成的小目標給予學習上的刺激。電腦可提供高度的挑戰、新奇感、幻想，讓學生比較不依賴教師的專業能力，其所提供的結構，允許學生全面控制自己的學習。也許最顯著的是，電腦不只提供個人化的即時回饋，這些回饋也是客觀一致的，以及具有最重要的特點——不輕率評斷學生。

　　認為學生不用心而導致其不參與學習的看法，會進一步使學生疏離，而且沒有絲毫用處。主流的學校教育可以常常要求被動的學生學習，但學校背負產生更高標準的壓力，會導致教師變得被課程控制，

而非由教師掌控課程，因此，達成目標的壓力會經由過度控制的班級下載給學生。學習成就的問題，也可能讓強調學業的教師有高道義立場（更崇高的立場），因為這些教師教的是學科而非學生。學校教育的某些方面，可能的確無助於使學生激勵自己。

不專心的學生需要另類的學習情境，這些情境的開始和奠基都來自學生的興趣及目標。學生的學習必須連結到他們的生活，包括實際的挑戰和經驗，而非強迫看起來不情願的學生學習。學習的起點應該是學生有興趣的事物，而且會吸引不同的學生群體。學習情境應盡量減少障礙和威脅，應該發揮學生的優點和興趣，並對學生的學習賦予目的。對於被更正式的文化減低動機的學生，其學習情境必須連結到能吸引他們的事物、連結到他們的文化。

我們通常將自尊的激發，視為使學生產生信心和動機的方法，但是，學校實際影響學生自尊的程度不及我們所想的多。比起建立自尊，教師可能更容易傷害學生自尊，尤其對於入學時自尊已經很脆弱的學生而言。如同信任的建立，自尊的建立需要花費一段長時間，但摧毀它卻非常迅速。幸運的是，對教師而言，避免傷害學生的自尊並非難事，教師可以將下列有破壞力的過程減到最輕微，例如：輕率的批評、找學生的碴、針對個人責備、公開羞辱、反覆無常、過度控制的管教或不公平的管教、忽視學生，以及沒有興趣了解學生。

低自尊對於自信地學習的阻礙，不如我們所想的嚴重。正面的結論是，學校可以直接影響學生易塑造的心向，進而有助於培養學生的自尊，其最佳策略是把學生放在駕駛座上，幫助他們學習如何激發自己的自尊。如果教師體悟出教導學生的方法，他們更有可能成為改變學生的力量來源（Nixon, Walker and Barron, 2002）。

　　大多數教師會受到刺激驅力所引導的教學吸引，在討論教師自己的激勵動機經驗時，對內在動機的描述當然會主導討論內容（McLean, 2003）。考慮到學校必須控制大多數學生，教學結構一直都是優先事項。但是，單靠這些增能的驅力而沒有人際關係驅力提供人的能量，無法激勵學生。給學生的肯定是激勵學生的燃料，少了它，學校將無法培養自我激勵的學生。

　　在任何的組織中，對話是最大的學習工具之一（Senge et al., 1994）。在了解努力學習的意義之前，學生必須知道付出是值得的，教師遇到的問題之一是，找出運用專注驅力所需要的時間，尤其是傾聽學生。但是有少數事情比得到教師的個人關注更能激勵學生，這裡所指的教師想要「被學生了解之前先了解學生」（Covey, 1990），而傳遞該訊息的最佳方式是讓學生知道，每個學生都重要。這種行動其本身就是一種刺激，但是也能幫助教師理解及應用學生動機的「本來特質」。

　　人際關係方面——尤其師生關係，會一直是學校教育的最重要部分，教師將更加透過師生關係來引導學生，而非對學生加諸權威。回饋驅力可能是學校影響學生心向的最重要驅力，卻也許是運用最少的驅力。學校應找出更多給學生回饋的時間，並且鼓勵教師把焦點放在教導學生，而非偏重學科內容教學。

參考文獻

Abramson, L.Y., Metalsky, G.I. and Alloy, L.B. (1989) Hopelessness depression: a theory-based subtype of depression, *Psychological Review*, 96, 358–72.

Ames, C. (1992) Classrooms: goals, structures and student motivation, *Journal of Educational Psychology*, 84, 261–71.

Ames, C. and Archer, T. (1987) Mothers beliefs about the role of ability and effort in schooling, *Journal of Educational Psychology*, 79, 409–14.

Ames, C. and Archer, T. (1988) Achievement goals in the classroom, *Journal of Educational Psychology*, 80, 260–7.

Anderson, E.M. and Maehr, M.L. (1994) Motivation and schooling in the middle grades, *Review of Educational Research*, 64 (2) 287–309.

Askew, S. and Lodge, C. (2000) Gifts, ping-pong and loops – linking feedback and learning, in S. Askew (ed.), *Feedback for Learning*. London: Routledge/Falmer.

Askew, S. (2000) Communication between school and parents: correction, consultation or conversations for learning, in S. Askew (ed.), *Feedback for Learning*. London: Routledge/Falmer.

Atkinson, J. (1964) *An Introduction to Motivation*. Princeton, NJ: Van Nostrand.

Atkinson, J. and Raynor, J. (eds.) (1978) *Personality, Motivation and Achievement*. Washington, DC: Hemisphere.

Baldwin, M.A. and Sinclair, L. (1996) Self esteem and 'if … then' contingencies of inter-personal acceptance, *Journal of Personality and Social Psychology*, 71, 1130–41.

Bandura, A. (1989) Human agency in social cognitive theory, *American Psychologist*, 44 (9), 1175–84.

Bandura, A. (1997) *Self-Efficacy The Exercise of Control*. New York: W.H. Freeman.

Barron, K.B. and Harackiewicz, J.M. (2000) Achievement goals and optimal motivation: a multiple goals approach, in C. Sanstone and J.M. Harackiewicz (eds), *Intrinsic and Extrinsic Motivation: The search for optimal motivation and performance*. New York: Academic Press.

Bartholemew, K. and Horowitz, L.M. (1991) Attachment styles among young adults, *Journal of Personality and Social Psychology*, 61, 226–44.

Baumeister, R.F. (ed.) (1993) *Self-Esteem: The Puzzle of Low Self-regard*. New York: Plenum Press.

Baumeister, R.F. and Leary, M.R. (1995) The need to belong: desire for interpersonal attachments as a fundamental human motivation, *Psychological Bulletin*, 117, 497–529.

Baumeister, R.F., Heatherton, T.F. and Rice, D.M. (1993) When ego threats lead to self-regulation failure: the negative consequences of high esteem, *Journal of Personality and Social Psychology*, 64, 141 – 56.

Baumeister, R.F., Smart, L. and Boden, J.M. (1996) Relation of threatened egotism to violence and aggression: the dark side of self-esteem, *Psychological Review*, 103 (1), 5–33.

Baumrind, D. (1991) Effective parenting during the early adolescent transition, in P.E. Cowan and E.M. Hetherington (eds), *Advances in Family Research*, vol. 2, pp. 111–63. Hillsdale, NJ: Erlbaum.

Berglas, S. (1985) Self-handicapping and self-handicappers: a cognitive/attributional model of interpersonal self-protective behaviour, in R. Hogan and W. H. Jones (eds), *Perspectives in personality*, vol. 1, pp. 235–70). Greenwich, CT: JAI Press.

Beyer, S. (1990) Gender differences in the accuracy of grade expectations and evaluations, *Sex Roles*, 41, 279–96.

Beyer, S. (1999) Gender differences in the accuracy of self-evaluations of performance, *Journal of Personality and Social Psychology*, 59, 960–70.

Biddle, S.J.H. (1977) Cognitive theories of motivation and the physical self, in K.R. Fox (ed.), *The Physical Self: From Motivation to Well-Being*. London: Human Kinetics.

Biddle, S.J.H., Fox, K.R. and Boutcher, S.H. (2000) *Physical Activity and Psychological Well Being*. London: Routledge.

Black, P. and Williams, D. (2002) *Inside the Black Box*. London: Educational Resource Centre.

Boaler, J. (1997) Setting, social class and the survival of the quickest, *British Educational Research Journal*, 23, 575–95.

Boaler, J., William, D. and Brown, M. (2000) Experiences of ability grouping – disaffection, polarisation and the construction of failure, *British Educational Research Journal*, 28 (5), 631–48.

Boggiano, A.K.and Pittman, T.S. (1992) *Achievement and Motivation: A Social Developmental Perspective*. Cambridge: Cambridge University Press.

Boggiano, A.K., Barrett, M., Weiher, A.W., McClelland, G.H., and Lusk, C.M. (1987) Use of the maximal-operant principle to motivate children's intrinsic interest, *Journal of Personality and Social Psychology*, 53, 866–79.

Boggiano, A.K., Main D.S., and Katz, P.A. (1988) Children's preference for challenge: the role of perceived competence and control, *Journal of Personality and Social Psychology*, 54, 134–41.

Braithwaite, J. (1989) *Crime, Shame, and Reintegration*. Cambridge: Cambridge University Press.

Braithwaite, J. (2001) *Restorative Justice and Responsive Regulation*. New York: Oxford University Press.

Brewer, M.B. (1991) The social self: on being the same and different at the same time, *Personality and Social Psychology Bulletin*, 17, 475–82.

Brophy, E. and Good, T.J. (1970) Teacher communication of differential expectations for children's performance, *Journal of Educational Psychology*, 61, 365–74.

Brophy, J. (1981) Teacher praise: a functional analysis, *Review of Educational Research*, 51, 5–32.

Brophy, J., and McCaslin, M. (1992) Teachers' reports of how they perceive and cope with problem students, *Elementary School Journal*, 93, 3–68.

Brown, J.D. (1993) Self-esteem and self-evaluations: feeling is believing, in J. Suls (ed.). *Psychological Perspectives on the Self*. vol. 4. Hillsdale, NJ: Erlbaum.

Brown, J.D. and McGill, K.L. (1989) The cost of good fortune: when positive life events produce negative health consequences, *Journal of Personality and Social Psychology*, 57, 1103–10.

Brown, S. (1988) *Treating Adult Children of Alcoholics: A Developmental Perspective*. New York: Wiley.

Bruner, J.S. (1983) *Child's Talk: Learning to use Language*. Oxford: Oxford University Press.

Bruner, J.S. (1996) *The Culture of Education*. Cambridge, MA: Harvard University Press.

Bugental, D.B. *et al.* (1999) Children 'tune out' in response to the ambiguous communication style of powerless adults, *Child Development*, 70 (1),.214–30.

Bull, P. (2002) *Communication under the Microscope: The Theory and Practice of Microanalysis*. London: Psychology Press.

Burger, J.M. (1990) Desire for control and interpersonal interaction style, *Journal of Research in Personality*, 24, 32–44.

Burger, J.M. (1992) *Desire for Control: Personality, Social and Clinical Perspectives*. New York: Plenum Press.

Burhans, K. and Dweck, C.S. (1995) Helplessness in early childhood: the role of contingent worth, *Child Development*, 66, 1719–38.

Burka, J.B.and Yuen, L.M. (1983) *Procrastination: Why You Do It, What to Do about It*. Reading, MA: Addison-Wesley.

Burns, D. (1993) *10 Days to Great Self-esteem*. London: Vermilion.

Burns. J.M. (1978) *Leadership*. New York: Harper and Row.

Bushman, B.J. and Baumeister, R.F. (1998) Threatened egotism, narcissism, self-esteem, and direct and displaced aggression: does self-love or self-hate lead to violence? *Journal of Personality and Social Psychology*, 75, 219–29.

Butler, R. and Nisan, M. (1986) Effects of no feedback, task-related comments, and grades on intrinsic motivation and performance, *Journal of Educational Psychology*, 78, 210–16.

Cameron, J. and Pierce, W.D. (1994) Reinforcement, reward and intrinsic motivation: a meta-analysis, *Review of Education Research*, 64, 363–423.

Cameron, J. and Pierce, W.D. (1996) The debate about rewards and intrinsic motivation: protests and accusations do not alter the results, *Review of Educational Research*, 66, 39–51.

Carver, S.C. and Scheier, M.F. (1998) *On the Self-Regulation of Behaviour*. Cambridge: Cambridge University Press.

Cassidy, J. and Asher, S.R. (1992) Loneliness and peer relations in young children, *Child Development*, 63, 350–65.

Chiu, C., Hong, Y. and Dweck, C.S. (1997) Lay dispositionism and implicit theories of personality, *Journal of Personality and Social Psychology*, 73, 923–40.

Clifford, M. (1984) Thoughts on a theory of constructive failure, *Educational Psychologist*, 19, 108–20.

Cooley, C.H. (1902) *Human Nature and the Social Order*. New York: Scribner.

Cooper, P. and McIntyre, D. (1996) *Effective Teaching and Learning: Teachers' and Students' Perspectives*. Buckingham: Open University Press.

Coopersmith, S. (1967) *The Antecedents of Self-esteem*. San Francisco, CA: Freeman.

Covey, S. (1990) *Seven Habits of Highly Effective People*. New York: Simon and Schuster.

Covington, M.V. (1998) *The Will to Learn: A Guide for Motivating Young People*. Cambridge: Cambridge University Press.

Covington, M.V. (1992) *Making the Grade: A Self Worth Perspective on Motivation and School Reform*. New York: Oxford University Press.

Covington, M.V. and Omelich, C.L. (1979) *Effort: the double-edged sword in school achievement*, Journal of Educational Psychology*, 77, 446–59.

Covington, M.V. and Omelich, C.L. (1987) 'I knew it cold before the exam': a test of the anxiety blockage hypothesis, *Journal of Educational Psychology*, 79, 393–400.

Cowen, E.L. *et al.* (1973) Long term follow-up of early detected vulnerable children, *Journal of Consulting and Clinical Psychology*, 41, 438–46.

Coyne, J.C.and Lazarus, R.S. (1980) Cognitive style, stress perception, and coping, in I.L. Kutash and L.B. Schlesinger (eds), *Handbook on Stress and Anxiety*. San Francisco, CA: Jossey-Bass.

Craske, M.L. (1988) Learned helplessness: self worth motivation and attribution retraining for primary school children, *British Journal of Educational Psychology*, 58, 154–64.

Crocker, J. and Major, B. (1989) Social stigma and self-esteem: the self-protective properties of stigma, *Psychological Review*, 96, 608–30.

Crocker, J. and Luhtonen, R. (1990) Collective self-esteem and in-group bias, *Journal of Personality and Social Psychology*, 58, 60–7.

Crocker, J. and Wolfe, C. (2001) Contingencies of worth, *Psychological Review*, 108 (3), 593–623.

Cross, S.E. and Madson, L. (1997) Models of the self: self-construals and gender, *Psychological Bulletin*, 122 (1), 5–37.

Csikszentmihalyi, M. (1990) *Flow: The Psychology of Optimal Experience*. New York: Harper Perennial.

Damon, W. (1995) *Greater Expectations: Overcoming the Culture of Indulgence in America's Homes and Schools*. New York: Free Press.

Davids, A. and Hainsworth, P.K. (1967) Maternal attitudes about family life and child rearing as avowed by mothers and perceived by their under-achieving and high-achieving sons, *Journal of Consulting Psychology*, 31, 29–37.

Davidson, R.J., Putnam, K.M. and Larsen, C.L. (2000) Emotions, plasticity, context and regulation: perspectives from affective neuroscience, *Psychological Bulletin*, 126 (6), 890–909.

de Charms, R. (1968) *Personal Causation: The Internal Affective Determinants of Behaviour*. New York: Academic Press.

De Volder, M. and Lens, W. (1982) Academic achievement and future time perspective as a cognitive–motivational concept, *Journal of Personality and Social Psychology*, 42, 566–71.

Deci, E.L. (1975) *Intrinsic Motivation*. New York, Plenum Press.

Deci, E.L. and Ryan, R.M. (1985) *Intrinsic Motivation and Self-Determination in Human Behaviour*. New York: Plenum Press.

Deci, E.L. and Ryan, R.M. (1987) The support of autonomy and the control of behaviour, *Journal of Personality and Social Psychology*, 53, 1024–1037.

Deci, E.L. and Ryan, R.M. (1995) Human autonomy: The basis for true self-esteem in M.H. Kernis, (ed) *Efficacy, Agency and Self Esteem*. New York: Plenum Press.

Deci, E.L. and Ryan, R.M. (2000) Self-determination theory and the facilitation of intrinsic motivation, social development and well being, *American Psychologist*, 55.(1), 68–78.

Department for Education and Employment (1996) *Education Act 1997*. London: HMSO.

Department of Education and Science (DES) (1989) *Discipline in Schools. Report of the Committee of Inquiry*. The Elton Report. London: HMSO.

Dewey, J. (1938) *Experience and Education*. New York: Simon and Schuster.

Diene, C. and Dweck, C. (1980) An analysis of learned helplessness: II. The processing of success, *Journal of Personality and Social Psychology*, 39, 940–52.

Dornbusch, S.M., Ritter, P.L., Leiderman, P.H., Roberts, D.F. and Fraleigh, M.J. (1987) The relation of parenting style to adolescent school performance, *Child Development*, 58, 1244–57.

Duda, J.L. (1992) Dimensions of achievement motivation in schoolwork and sport, *Journal of Educational Psychology*, 84, 290–9.

Dweck, C.S. and Bush, E.S. (1976) Sex differences on learned helplessness, *Developmental Psychology*, 12, 147–56.

Dweck, C.S. (1992) The study of goals in psychology, *Psychological Science*, 3 (3), 165–7.

Dweck, C.S. (2000) Self-theories: their role in motivation, personality and development, *Psychology Press*, Philadelphia, PA: Taylor and Francis.

Dweck, C.S. and Sorich, L. (1999) Mastery orientated thinking, in C.R. Snyder (ed.), *Coping*. New York: Oxford University Press.

Dweck, C.S. *et al.* (1988) A social-cognitive approach to motivation and personality, *Psychological Review*, 95, 256–73.

Dweck, C.S. *et al.* (1978) Sex differences in learned helplessness: the contingencies of evaluative feedback in the classroom, *Developmental Psychology*, 14, 268–76.

Dykman, B.M. (1998) Integrating cognitive and motivational factors in depression: initial tests of a goal-orientation approach, *Journal of Personality and Social Psychology*, 74, 139–58.

Eccles, J.S., Wigfield, A. and Schiefele, U. (1998) Motivation to succeed, in W. Damon and N. Eisenberg (eds), *Handbook of Child Psychology*, vol. 3. New York: Wiley.

Eccles, J.S., Buchanan, C.M., Flanagan, C., Fuligni, A., Midgley, C. and Yee, D. (1991) Control versus autonomy during early adolescence, *Journal of Social Issues*, 47, 53–68.

Eley Associates (2001) The collaboration for high performance schools, *Best Practice Manual*. www.chps.net

Elliot, A.J. and Harackiewicz, J.M. (1996) Approach and avoidance achievement goals and intrinsic motivation: a mediational analysis, *Journal of Personality and Social Psychology*, 70, 461–75.

Elliot, J.E. and Church, M.A. (1977) A hierarchical model of approach and avoidance achievement motivation, *Journal of Personality and Social Psychology*, 72 (1), 218–32.

Emler, N. (2002) *Self-esteem: The Costs and Causes of Low Self-worth*. Joseph Rowntree Trust, published by YPS.

Epstein, S. (1992) Coping ability, negative self-evaluation, and over-generalisation: experiment and theory, *Journal of Personality and Social Psychology*, 62, 826–36.

Erdley, C.S. and Dweck, C.S. (1993) Children's implicit theories as predictors of their social judgments, *Child Development*, 64, 863–78.

Etangl, C. and Harlow, H. (1975) Behaviour of male and female teachers in relation to behaviour and attitudes of elementary school children, *Journal of Genetic Psychology*, 127, 163–70.

Etzioni, A. (1996) *The responsive community: a communitarian perspective, American Sociological Review*, 61, 1–11.

Ewert, A.W. (1989) *Outdoor Adventures Pursuits: Foundations, Models and Theories*. Columbus, OH: Publishing Horizons.

Fenigstein, A. and Vanable, P.A. (1992) Paranoia and self-consciousness, *Journal of Personality and Social Psychology*, 62, 129–38.

Feiring, C. and Taska, L.S. (1996) Family self-concept: ideas on its meaning, in B. Braken (ed.), *Handbook of Self-concept*. New York: Wiley.

Ferrari, J.R., Johnson, J.L. and McCown, W.G. (1995) *Procrastination and Task Avoidance: Theory Research, and Treatment*. New York: Plenum Press.

Feuerstein, R. (1980) *Instrumental Enrichment: An Intervention Programme for Cognitive Modifiability*. Glenview, IL: Scott, Foresman.

Freire, P. (1970) *The Pedagogy of the Oppressed*. New York: Continuum.

Gabriel, S. and Gardner, W.L. (1999) Are there 'his' or 'hers' types of Interdependence? The Implications of gender differences in collective versus relational interdependence for affect, behaviour and cognition, *Journal of Personality and Social Psychology*, 77 (3), 642–55.

Galvin, P., Miller, J. and Nash, J. (1999) *Behaviour and Discipline in Schools*. London: Fulton.

Gibbons, F.X. and McCoy, S.B. (1991) Self-esteem, similarity, and reactions to active versus passive downward comparison, *Journal of Personality and Social Psychology*, 60, 414–24.

Gilligan, R. (2001) Promoting positive outcomes for children in need: the assessment of protective factors, in J. Horwath (ed.), *The Child's World: Assessing Children in Need*. London: Kingsley.

Goleman, D. (1995) *Emotional Intelligence*. New York: Bantam.

Gollwitzer, P.M. and Bargh, J.A. (1996) *The Psychology of Action Linking Cognition and Motivation to Behaviour*. New York: Guilford.

Goodnow, J.J. and Collins, W.A. (1990) *Development According to Parents: The Nature, Sources, and Consequences of Parents' Ideas*. Hillsdale, NJ: Erlbaum.

Gottfried, A. (1994) Role of parental motivational practices in children's academic intrinsic motivation and achievement, *Journal of Educational Psychology*, 86, 104–13.

Graham, S. and Barker, G.P. (1990) The down side of help: an attributional–developmental analysis of helping behaviour as a low-ability cue, *Journal of Educational Psychology*, 82, 7–14.

Grundy, S. (1987) *Curriculum Product or Praxis*. London: Falmer Press.

Hanko, G. (1994) Discouraged children: when praise does not help, *British Journal of Special Education*, 21 (4), 166–8.

Hargreaves, D. (1972) *Interpersonal Relations and Education*. London: Routledge and Kegan Paul.

Hargreaves, D. (1975) *Deviance in Classrooms*. London: Routledge and Kegan Paul.

Hart, D., Fegley, S. and Brengelman, D. (1993) Perceptions of past, present and future selves among children and adolescents, *British Journal of Developmental Psychology*, 11, 265–82.

Harter, S. (1983) Developmental perspectives on self-esteem, in P.H. Mussen (ed.), *Handbook of child psychology. Vol. IV: Socialisation, Personality, and Social Development*. New York: Wiley.

Hay Group (2000) *Research into Head Teacher Effectiveness for the Department of Education and Employment*. London: Hay Group.

Haywood, H.C. (1993) A mediational teaching style, *International Journal of Cognitive Education and Mediated Learning*, 3 (1), 32–40.

Herzberg, F., Mausner, G. and Synderman, B. (1959) *Motivation to Work*. New York: Wiley.

Higgins, E.T. (1987) Self-discrepancy: A theory relating to self and affect, *Psychological Review*, 94, 319–40.

Higgins, E.T. (1989) Self-discrepancy theory: what patterns of self-beliefs cause people to suffer?, in L. Berkowitz (ed.), *Advances in Experimental Social Psychology*, 22, 93–136. New York: Academic Press.

Higgins, E.T. (1991) Development of self-regulatory and self-evaluative processes: costs, benefits, and tradeoffs, in M.R. Gunnar and L.A. Sroufe (eds), *Self processes and development: The Minnesota symposia on child psychology*, 23, 125–65. Hillside, NJ: Erlbaum.

Higgins, E.T. and Silberman, I. (1998) Development of regulatory focus: promotion and prevention as ways of living, in J. Heckhausen and C.S. Dweck (eds), *Motivation and Self-regulation across the Life Span*. New York: Cambridge University Press.

Higgins, R.L., Snyder, C.R. and Berglas, S. (eds) (1990) *Self-handicapping: The Paradox that Isn't*. New York: Plenum Press.

Hogan, J.M. (1968) *Impelled into Experiences: The Story of the Outward Bound Schools*. Wakefield: Educational Productions.

Hoge, D., Smit, E. and Crist, J. (1995) Reciprocal effects of self-concept and academic achievement in sixth and seventh grade, *Journal of Youth and Adolescence*, 24, 295–314.

Hong, Y. *et al.* (1999) Implicit theories, attributions and coping: a meaning system approach, *Journal of Personality and Social Psychology*, 77, (3), 588–99.

Hong, Y.Y., Chiu, C. and Dweck, C.S. (1995) Implicit theories of intelligence: reconsidering the role of confidence in achievement motivation, in M.H. Kernis (ed.), *Efficacy, Agency and Self-esteem*. New York: Plenum Press.

Howe, M.J.A. (1999) *The Psychology of High Abilities*. London: Macmillan.

Hughes, J., Cavell, T. and Grossman, P. (1997) A positive view of self: risk or protection for aggressive children?, *Development and Psychopathology*, 9, 75–94.

Ireson, J. and Hallam, S. (2001) *Ability Grouping in Education*. London: Sage Publications.

Jacobs, E.J. and Eccles, J.S. (2000) *Parents, task values and real-life achievement-related choices*, in C. Sandstone and J.M. Harackiewicz (eds), *Intrinsic and Extrinsic Motivation: The Search for Optimal Motivation and Performance*. New York: Academic Press.

James, W. (1950) *The Principles of Psychology*. New York: Dover. (Original work published in 1890.)

Johnson, B.M, Shulman, S. and Collins, W.A. (1991) Systematic patterns of parenting as reported by adolescents: developmental differences and implications for psychosocial outcomes, *Journal of Adolescent Research*, 6, 235–52.

Jussim, L. (1989) Teacher expectations: self-fulfilling prophecies, perceptual biases, and accuracy, *Journal of Personality and Social Psychology*, 57, 469–80.

Juster, F.T. (1985) Preferences for work and leisure, in F.T. Juster and F.P. Stafford (eds), *Time, Goods and Well-being*. Ann Arbor, MI: Institute for Social Research, University of Michigan.

Juvonen, J. and Wentzel, K.R. (eds) (1996) *Social Motivation: Understanding Children's School Adjustment*. Cambridge: Cambridge University Press.

Kamins, M.L. and Dweck, C.S. (1998) Contingent self-worth and its effects on young children's coping with setbacks. Unpublished data.

Kamins, M.L. and Dweck, C. (2000) Person vs process praise and criticism: implications for contingent self-worth and coping, *Developmental Psychology*, vol. 35, (3) 835–47.

Kavussanu, M. and Harnisch, D.L. (2000) Self-esteem in children: do goal orientations matter?, *British Journal of Educational Psychology*, 70, 229–42.

Keegan, D. *et al.* (1995) Not all high (or low) self-esteem people are the same: theory and research on stability of self-esteem, in M.H. Kernis (ed.), *Efficacy, Agency and Self Esteem*. New York: Plenum Press.

Kendler, K.S., Gardner, C.O. and Prescott, C.A. (1998) A population-based twin study of self-esteem and gender, *Psychological Medicine*, 28, 1403–9.

Kennedy, W.A. and Willcutt, H.C. (1964) Praise and blame as incentives, *Psychological Bulletin*, 62, 323–32.

Kernis, M.H. (ed.) (1995) *Efficacy, Agency and Self-esteem*. New York: Plenum Press.

Kernis, M.H. and Waschull, S.B. (1996) The interactive roles of stability and level of self-esteem: research and theory, in M.P. Zanna (ed.), *Advances in Experimental Social Psychology*, vol. 27. San Diego: Academic Press.

Kernis, M.H., Cornell, D.P., Sun, C. and Berry, A. (1995) There's more to self-esteem than whether it's high or low: the importance of stability of self-esteem, *Journal of Personality and Social Psychology*, 65, 1190–204.

Kernis, M.H., Granneman, B.D. and Barclay L.C. (1989) Stability and level of self esteem as predictors of anger arousal and hostility, *Journal of Personality and Social Psychology*, 56, 1013–23.

King, K.C., Hyde, J.S. Sowers, C.J. and Buswell, B.N. (1999) Gender differences in self-esteem: a meta-analysis, *Psychological Bulletin*, 125, 470–500.

Klein, H.J. *et al.* (1999) Goal commitment and the goal setting process: conceptual clarification and empirical synthesis, *Journal of Applied Psychology* (6), 885–96.

Kohlmann, C.W., Schumacher, A. and Streit, R. (1988) Trait anxiety and parental child-rearing behaviour: support as a moderator variable?, *Anxiety Research*, 1, 53–64.

Kohn, A. (1986) *No Contest: The Case against Competition*. Boston, MA: Houghton-Mifflin.

Kounin, J. (1970) *Discipline and Group Management in Classrooms*. New York: Holt Rinehart and Winston.

Kreiman, G, Koch, C. and Fried, I. (2000) Imagery neurons in the human brain, *Nature*, 408, 357–61.

Kruglanski, A.W. and Webster, D.M. (1996) Motivated closing of the mind: 'seizing' and 'freezing', *Psychological Review*, 103, 263–83.

Kun, A. (1977) Development of the magnitude–covariation and compensation schemata in ability and effort attributions of performance, *Child Development*, 48, 862–73.

Learning and Teaching Scotland (2002) *Education for Citizenship*. Glasgow: Learning and Teaching.

Lepper, M.R. (1981) Intrinsic and extrinsic motivation in children: detrimental effects of superfluous social controls, in W.A. Collins (ed.), *Minnesota Symposia on Child Psychology*, 14, 145–214. Hillsdale, NJ: Erlbaum.

Lepper, M.R. and Henderlong, J. (2000) Turning 'play' into 'work' and 'work' into 'play': 25 years of research on intrinsic versus extrinsic motivation, in C. Sandstone and J.M. Harackiewicz (eds) *Intrinsic and Extrinsic Motivation: The Search for Optimal Motivation and Performance*. New York: Academic Press.

Lepper M.R. and Hodell, M. (1989) Intrinsic motivation in the classroom, in C. Ames and R. Ames (eds), *Research on Motivation in Education. Vol. 3: Goals and Cognition*. New York: Academic Press.

Lepper, M.R. and Henderlong, J. (1996) Intrinsic motivation and extrinsic rewards: a commentary on Cameron and Pierce's meta-analysis, *Review of Educational Research*, 66, 5–32.

Levy, S., Stroessner, S. and Dweck, C. (1998) Stereotype formation and endorsement: the role of implicit theories, *Journal of Personality and Social Psychology*, 74, 1421–36.

Lewis, T., Amini, F. and Lannon, R. (2000) *A General Theory of Love*. New York: Random House.

Licht, B. and Dweck, C. (1984) Sex differences in achievement orientations: consequences for academic choices and attainments, in M. Marland (ed.) *Sex Differentiation and Schooling*. London: Heinneman.

Lightbody, P., Siann, G., Stocks, R. and Walsh, D. (1996) Motivation and attribution in secondary school: the role of gender, *Educational Studies*, 22, 13–25.

Locke, E. and Latham, G.P. (1990) *A Theory of Goal Setting and Task Performance*. Englewood Cliffs, NJ: Prentice-Hall.

Maccoby, E.E. and Jacklin, C.N. (1974) The Psychology of sex differences. Stanford, CA: Stanford University Press.

Maccoby, E.E. and Martin, J. (1983) Socialization in the family context: parent child interaction, in E.M. Hetherington (ed.), *Handbook of Child Psychology*, vol. 4. New York: Wiley.

Maehr, M. and Midgeley, C. (1996) *Transforming School Culture*. Boulder, CO: Westview Press.

Maehr, M.L. (1991) The 'psychological environment' of the school: a focus for school leadership, in P. Thurston and P. Zodhiates (eds), *Advances in Educational Administration*, pp. 51–81. Greenwich, CT: JAI Press.

Maines, B. and Robinson, G. (1992) *The No Blame Approach*. Bristol: Lame Duck Publishing.

Maltz, D.N. and Borker, R.A. (1983) A cultural approach to male–female miscommunication, in J.D. Gumperz (ed.), *Language and Social Identity*. New York: Cambridge University Press.

Mangan, J., Adnett, N. and Davis, P. (2001) Movers and stayers: determinants of post–16 educational choice, *Research in Post Compulsory Education*, 6 (1), 31–50.

Mannion, G. (2002) Open the gates an that's it 'see ya later!' School cultures and young people's transitions into post-compulsory education and training, *Scottish Educational Review*, 34 (2), 86–100.

Markus, H. and Ruvolo, A. (1989) Possible selves: personalised representatives of goals, in L. Pervin (ed.), *Goal Concepts in Personality and Social Psychology*, pp. 211–41. Hillsdale, NJ: Erlbaum.

Maslow, A.H. (1968) *Toward a Psychology of Being*. Princeton, NJ: Van Nostrand.

Masten, A. and Coatsworth, J. (1998) The development of competencies in favourable and unfavourable environments: lessons from research on successful children, *American Psychologist*, 53 (2), 205–20.

McClelland, D. (1985) *Human Motivation*. Glenville, IL: Scott, Foresman.

McClelland, D.C. *et al.* (1980) The need for power: brain norepinephrine turnover and learning, *Biological Psychology*, 10, 93–102.

McCombs, B.L. (1993) Learner centred psychological principles for enhancing education: applications in school settings, in L.A. Penner *et al.* (eds), *The Challenge in Maths and Science Education: Psychology's Response*. Washington, DC: American Psychology Association.

McIlvanney, W. (2001) *Scotland on Sunday*, 12 March 2001.

McLean, A. (1987) After the belt: school processes in low exclusion schools, *School Organisation*, 7 (3), 303–10.

McLean, A. (1990) *Promoting Positive Behaviour in the Primary School*. Glasgow: Strathclyde Regional Council.

McLean, A. (1997) Bullyproofing Our School. Topic Issue 17 Spring 1997. NFER.

McLean, A. (2003) Exploring teachers' understanding of pupil motivation, *Educational Psychology in Scotland*, 7 (1), in press.

Merret, F. and Wheldall,T. (1990) *Positive Teaching in the Primary School*. London: Sage Publications.

Mindstore (1998) *The Learning Game*. Glasgow: Mindstore.

Minuchin, P. *et al.* (1983) The school as a context for social development, in P. Mussen and E.M. Hetherington (eds), *Handbook of Child Psychology*. New York: Wiley.

Minuchin, P.P. and Shapiro, E.K. *Handbook of Child Psychology*. 4th Edition.

Molden, D.C and Dweck, C.S. (2000) Meaning and Motivation, in C. Sandstone and J.M. Harackiewicz, *Intrinsic and Extrinsic Motivation: The Search for Optimal Motivation and Performance*. New York: Academic Press.

Mueller, C.M. and Dweck, C.S. (1996) Implicit theories of intelligence: relation of parental beliefs to children's expectations. Paper presented at the Third National Research Convention of Head Start, Washington, DC.

Mueller, C.M. and Dweck, C.S. (1998) Intelligence Praise can undermine children's motivation and performance. *Journal of Personality and Social Psychology*, 75 (1), 33–52.

Munn, P. and Lloyd, G. (2000) *Alternatives to Exclusion*. London: Sage Publications.

Nicholls, J.G., Patashnick, M. and Nolen, S.B. (1985) Adolescents' theories of education, *Journal of Educational Psychology*, 77, 683–92.

Nixon, J., Walker, M. and Barron, S. (2002) The cultural mediation of state policy: the democratic potential of new community schooling in Scotland, *Journal of Educational Policy*, 17 (4), 407–21.

Nolen-Hoeksema, S. (1990) *Sex Differences in Depression*. Stanford, CA: Stanford University Press.

Nolen-Hoeksema, S. (1995) Gender differences in coping with depression across the life span, *Depression*, 3, 81–90.

Nolen-Hoeksema, S. and Girgus, J.S. (1994) The emergence of gender differences in depression during adolescence, *Psychological Bulletin*, 115, 424–43.

Nolen-Hoeksema, S., Girgus, J.S. and Seligman, M.E.P. (1986) Learned helplessness in children: a longitudinal study of depression, achievement, and explanatory style, *Journal of Personality and Social Psychology*, 51, 435–42.

Nuttin, J. and Lens, W. (1985) *Future Time Perspective and Motivation: Theory and Research Method*. Hillsdale, NJ: Erlbaum.

Pacific Institute (2000) *Investment in Excellence*, Pacific Institute, www.pacificinstitute.co.uk

Pellegrini, A.D. and Blatchford, P. (2000) *The Child at School: Interactions with Peers and Teachers*. London: Arnold.

Peterson, C., Maier, S. and Seligman, M. (1993) *Learned Helplessness: A Theory for the Age of Personal Control*. New York: Oxford University Press.

Pikas, A. (1989) The common concern method for the treatment of mobbing, in E. Roland and E. Munthe (eds), *Bullying: An International Perspective*. London: Fulton.

Pintrich, P.R. and Schunk, D.H. (1996) *Motivation in Education Theory, Research and Application*, Englewood Cliffs, NJ: Merrill Prentice-Hall.

Pittman, T.S., Boggiano, A.K. and Ruble, D.N. (1983) Intrinsic and extrinsic motivational orientations: interactive effect of reward, competence feedback, and task complexity, in J. Levine and M. Wang (eds), *Teacher and Student Perceptions: Implications for Learning*, 319–40. Hillsdale, NJ: Erlbaum.

Pomerantz, E.M. and Ruble, D.N. (1998) The multidimensional nature of control: implications for the development of sex differences in self-evaluation, in J. Heckhausen and C.S. Dweck (eds), *Motivation and Self-regulation across the Life Span*. New York: Cambridge University Press.

Quibell, T. (ed.) (1999) *Total Learning Challenge: Action on Disaffection*. New York: TLC Publishing.

Raffini, J. (1993) *Winners without Losers: Structures and Strategies for Increasing Student Motivation to Learn*. Boston, MA: Allyn and Bacon.

Rayner, M. and Montague, M. (2000) *Resilient Children and Young People: A Discussion Paper Based on a Review of the International Research Literature*. Melbourne: Policy and Practice Research Unit, Children's Welfare Association of Victoria.

Rhodes, J. and Ajmal, Y. (1995) *Solution Focused Thinking in Schools*. London: BT Press.

Rholes, W.S., Newman, L.S. and Ruble, D.N. (1990) Understanding self and other: developmental and motivational aspects of perceiving persons in terms of invariant dispositions, in E.T. Higgins and R.M. Sorrentino (eds), *Handbook of Motivation and Cognition: Foundations of Social Behaviour*, vol 2. New York: Guilford.

Roberts, T. (1991) Gender and the Influence of evaluation on self-assessment in achievement settings, *Psychological Bulletin*, 109, 297–308.

Robertson, J. (1981) *Effective Classroom Control*. London: Hodder and Stoughton.

Roeser, R.W., Midgley, C. and Urdan, T.C. (1996) Perceptions of the school psychological environment and early adolescents' psychological and behavioural functioning in school: the mediating role of goals and belonging, *Journal of Educational Psychology*, 88, 408–22.

Rogers, B.(1991) *You Know the Fair Rule – Strategies for Making the Hard Job of Discipline in School Easier*. London: Longman.

Rogers, C.R. (1961) *On Becoming a Person*. Boston MA: Houghton Mifflin.

Rohner, R.P. (1966) *Handbook for the Study of Parental Acceptance and Rejection*. Centre for the Study of Parental Acceptance and Rejection, CT: University of Connecticut.

Rosenberg, M. (1965) *Society and the Adolescent Self-image*. Princeton, NJ: Princeton University Press.

Rosenthal, R. and Jacobsen, L. (1968) *Pygmalion in the Classroom: Teacher expectation and pupils' intellectual development*. New York: Holt, Rinehart and Winston.

Ruble, D.N. *et al.* (1993) The role of gender-related processes in the development of sex differences in self-evaluation and depression, *Journal of Affective Disorders*, 29, 97–128.

Rudduck, J. *et al.* (1998) *Sustaining Pupils' Commitment to Learning: The Challenge of Year 8*. Cambridge: Publications Unit, Homerton College.

Ryan, R.M. (1982) Control and Information in the intrapersonal sphere: an extension of the cognitive evaluation theory, *Journal of Personality and Social Psychology*, 43, 450–61.

Ryan, R.M. (1993) Agency and organisation: intrinsic motivation, autonomy and the self in psychological development, in J. Jacobs (ed.), *Nebraska Symposium on Motivation: Developmental Perspectives on Motivation*, vol. 40, 1–56. Lincoln, NE: University of Nebraska Press.

Ryan, R.M. and Deci, E.L. (2000) When rewards compete with nature: undermining of intrinsic motivation and self-regulation, in C. Sandstone and J.M. Harackiewicz (eds), *Intrinsic and Extrinsic Motivation: The Search for Optimal Motivation and Performance*. New York: Academic Press.

Ryan, R.M. and La Guardia, J.G. (1999) Achievement motivation within a pressurised society: intrinsic and extrinsic motivations to learn and the politics of school reform, in T. Urdan (ed.), *Advances in motivation and achievement*, 2, 45–86. Greenwich, CT: JAI Press.

Ryan R.M. and Powelson C.L. (1991) Autonomy and relatedness as fundamental to motivation and education, in B.L. McCombs (ed.), *Unravelling Motivation: New Perspectives from Research and Practice*. Special issue of the *Journal of Experimental Education*, Fall.

Sadler, D. (1989) Formative Assessment and the design of instructional systems, *Instructional Science*, 18, 119–44.

Sandstone, C. and Harackiewicz, J.M. (eds) (2000) *Intrinsic and Extrinsic Motivation: The Search for Optimal Motivation and Performance*. New York: Academic Press.

SEED (2001) *Better Behaviour Better Learning – Report of the Discipline Task Force*. Edinburgh: Scottish Executive Education Department.

Seligman, M.E. (1998) *Learned Optimism*. New York: Pocket Books.

Seligman, M.E., Reivich, K., Jaycox, L. and Gilham, J. (1995) *The Optimistic Child*. Boston, MA: Houghton Mifflin.

Senge, P. *et al.* (1994) *The Fifth Discipline Fieldbook: Strategies and Tools for Building a Learning Organisation*. London: Brealey.

Shatte, A.J. *et al.* (1999) Learned optimism, in C.R. Snyder (ed.), *Coping: The Psychology of What Works*. New York: Oxford University Press.

Skinner, E.A. (1993) Motivation in the classroom: reciprocal effects of teacher behaviour and student engagement across the school year, *Journal of Educational Psychology*, 85, 571–81.

Skinner, E.A., Wellborn, J.G. and Connell, J.P. (1990) What it takes to do well in school and whether I've got it: a process model of perceived control and children's engagement and achievement in school, *Journal of Educational Psychology*, 82, 22–32.

Slavin, R.E. (1984) Students motivating students to excel: cooperative incentives, cooperative tasks, and student achievement, *Elementary School Journal*, 85, 53–64.

Snyder, C.R. (1994) *The Psychology of Hope*. New York: Free Press.

Snyder, C.R. et al. (1983) *Excuses: The Masquerade Solution*. New York: Wiley.

Stipek, D.J. (1995) The development of pride and shame in toddlers, in J.P. Tangney and K. W. Fischer (eds), *Self-conscious emotions: The Psychology of Shame, Guilt, Embarrassment, and Pride*. New York: Guilford.

Stipek, D.J., Rechia, S. and McLintic, S. (1992) Self-evaluation in young children. Monographs of the Society for Research in Child Development, 57 (226).

Swann, W.B. (1996) *Self Traps: The Elusive Quest for Higher Self Esteem*. New York: Freeman.

Swann, W.B., Pelham, B.W. and Krull, D.S. (1989) Agreeable fancy or disagreeable truth? Reconciling self-enhancement and self-verification, *Journal of Personality and Social Psychology*, 57, 782–91.

Tangney, J.P. (1995) Shame and guilt in interpersonal relationships, in J.P. Tangney and K.W. Fischer (eds), *Self-conscious Emotions: The Psychology of Shame, Guilt, Embarrassment and Pride*. New York: Guilford.

Taylor, S. and Cameron, H. (eds) (2002) *Attracting New Learners – International Evidence and Practice*. London: Learning and Skills Developing Agency.

Taylor, S.E. (1990) *Positive Illusions: Creative Self-deception and the Healthy Mind*. New York: Basic Books.

Terdal, S. and Leary, M.R. (1991) Social exclusions, self-esteem and dysphoria. Paper presented at the meeting of the South Eastern Psychological Association, New Orleans.

Thompson, T. (1999) *Underachieving to Protect Self-worth: Theory, Research and Interventions*. Aldershot: Ashgate.

Tuckman, B.W. and Sexton, T.L. (1990) The relation between self-beliefs and self-regulated performance, *Journal of Social Behaviour and Personality*, 5, 465–72.

Tuckman, B.W. (1995) *Teaching Children How to Succeed*. Elizabethtown, PA: Continental Press.

Tyler, T.R., Kramer, R.M. and John, P.J. (eds) (1998) *The Psychology of the Social Self*. New York: Erlbaum.

Vallerand, R.J., Guay, F. and Fortier, M.J. (1997) Self-determination and persistence in a real-life setting: towards a motivational model of high school drop out. *Journal of Personality and Social Psychology*, 72 (5), 1161–72.

Van Wersch, A. (1997) Individual differences and intrinsic motivations for sports participation, in J. Kremer (ed.), *Young People's Involvement in Sport*. London: Routledge.

Vygotsky, I.S. (1978) *Mind in Society*. Cambridge, MA: Harvard University Press.

Weiner, B. (ed.) (1974) *Achievement Motivation and Attribution Theory*. Morris-town, NJ: General Learning Press.

Weiner, B. (1986) *An Attributional Theory of Motivation and Emotion*. New York: Springer Verlag.

Weiner, B. (1992) *Human Motivation Metaphors, Theories and Research*. London: Sage.

West, M.O. and Prinz, R.J. (1987) Parental alcoholism and childhood psychopathology, *Psychological Bulletin*, 102, 204–18.

Whiting, B. and Edwards, C.P. (1973) A cross cultural analysis of sex differences in the behaviour of children aged 3 to 11, *Journal of Social Psychology*, 91, 171–88.

Wigfield, A. (1984) Expectancy–value theory of achievement motivation: a developmental perspective, *Educational Psychology Review*, 6, 49–78.

Wiggins, G. (1989) A true test: toward more authentic and equitable assessment, *Phi Delta Kappan*, 70 (9), 703–13.

Wilkins, R. and Head, M. (2002) *How to Retain and Motivate Experienced Teachers*. Canterbury: Christ Church University.

Winston, R. (2002) *The Human Instinct*. London: BBC Books.

Zimmerman, B.J. (1990) Self-regulated academic learning and achievement: the emergence of a social cognitive perspective, *Educational Psychology Review*, 2, 173–201.

Zimmerman, B.J., Bandura, A. and Martinez-Pons, M. (1992) Self-motivation for academic attainment: the role of self-efficacy beliefs and personal goal setting, *American Educational Research Journal*, 29, 663–76.

Zimmerman, B.J., Bonner, S. and Kovach, R. (1996) *Developing Self-Regulated Learners: Beyond Achievement to Self-efficacy*. Washington, DC: American Psychological Association.

Zuckerman, M., Kieffery, S.C. and Knee, C.R. (1998) Consequences of self-handicapping: effects on coping, academic performance and adjustment, *Journal of Personality and Social Psychology*, 74, 1619–28.

索引 （條目後的頁碼係原文書頁碼，檢索時請查正文側邊的頁碼）

國家圖書館出版品預行編目資料

激勵學習的學校／Alan McLean 著；賴麗珍譯.
--初版.--臺北市：心理，2009.01
面；　公分.--（教育現場；30）

參考書目：面
含索引
譯自：The motivated school
ISBN 978-986-191-212-7（平裝）

1.學習心理學　　2.激勵　　3.學校教育

521.14　　　　　　　　　　　　97021390

教育現場 30　　　**激勵學習的學校**

作　　　者：Alan McLean

譯　　　者：賴麗珍

責任編輯：林嘉瑛

執行編輯：高碧嶸

總　編　輯：林敬堯

發　行　人：洪有義

出　版　者：心理出版社股份有限公司

社　　　址：台北市和平東路一段 180 號 7 樓

總　　　機：(02) 23671490　　傳　　真：(02) 23671457

郵　　　撥：19293172　心理出版社股份有限公司

電子信箱：psychoco@ms15.hinet.net

網　　　址：www.psy.com.tw

駐美代表：Lisa Wu　　tel: 973 546-5845　　fax: 973 546-7651

登　記　證：局版北市業字第 1372 號

電腦排版：辰皓國際出版製作有限公司

印　刷　者：正恆實業有限公司

初版一刷：2009 年 1 月